ATENDIMENTO DE SUCESSO

ENTENDA O CLIENTE E VENDA MAIS

INCLUI O MANTRA DO VENDEDOR DE SUCESSO

SÉRGIO NARDI

ATENDIMENTO DE SUCESSO

ENTENDA O CLIENTE E VENDA MAIS

Inclui o Mantra do Vendedor de Sucesso

Ilustrações: Fábio Oliveira

Participação Especial

Eduardo Câmara

Paulo Chebel

novo século®

São Paulo 2010

Produção Editorial	Novo Século Editora
Projeto Gráfico e diagramação	Claudio Braghini Junior
Capa	Novo Século Editora
Preparação de texto	Hugo Almeida
Revisão	Luci Kasai
	Alexandra Resende

Dados Internacionais de Catalogação na Publicação (CIP)
(Câmara Brasileira do Livro, SP, Brasil)

Nardi, Sérgio
Atendimento de sucesso: entenda o cliente e venda mais / Sérgio Nardi; ilustrações Fábio Oliveira; participação especial Eduardo Câmara, Paulo Chebel. -- Osasco, SP: Novo Século Editora, 2010.

Inclui o mantra do vendedor de sucesso.

1. Clientes -- Contatos 2. Clientes - Satisfação 3. Serviço ao cliente 4. Sucesso em negócios I. Oliveira, Fábio. II. Câmara, Eduardo. III. Chebel, Paulo.

10-03692 CDD-658.812

Índices para catálogo sistemático:

1. Atendimento ao cliente: Administração de empresas 658.812
2. Clientes: Atendimento: Administração de empresas 658.812

2010
IMPRESSO NO BRASIL
PRINTED IN BRAZIL
DIREITOS CEDIDOS PARA ESTA EDIÇÃO À
NOVO SÉCULO EDITORA
Rua Aurora Soares Barbosa, 405 – 2º andar
CEP 06023-010 – Osasco – SP
Tel. (11) 3699-7107 – Fax (11) 3699-7323
www.novoseculo.com.br
atendimento@novoseculo.com.br

A todos que buscam a excelência no atendimento
(Sérgio Nardi)

A minha esposa, aos meus pais e ao meu filho Rafael
(Fábio Oliveira, Ilustrações)

A Fábio Oliveira, que encarou o desafio de dar vida ao Vendedor de Sucesso.

E a todos que de alguma forma contribuíram para mais este projeto.

SUMÁRIO

Eu sou o homem que vai a um restaurante, senta-se à mesa e pacientemente espera, enquanto o garçom faz tudo, menos o meu pedido.

Eu sou o homem que vai a uma loja e espera calado, enquanto os vendedores terminam suas conversas particulares.

Eu sou o homem que entra num posto de gasolina e nunca toca a buzina, mas espera pacientemente que o empregado termine a leitura do seu jornal.

Eu sou o homem que, quando entra num estabelecimento comercial, parece estar pedindo um favor, ansiando por um sorriso ou esperando apenas ser notado.

Eu sou o homem que entra num banco e aguarda tranquilamente que as recepcionistas e os caixas terminem de conversar com seus amigos e espera.

Eu sou o homem que explica sua desesperada e imediata necessidade de uma peça, mas não reclama, pois espera pacientemente enquanto os funcionários trocam ideias entre si ou, simplesmente, abaixam a cabeça e fingem não me ver.

Você deve estar pensando que sou uma pessoa quieta, paciente, do tipo que nunca cria problemas.

Engana-se.

Sabe quem eu sou?

Eu sou o cliente que nunca mais volta!

Divirto-me vendo milhões sendo gastos todos os anos em anúncios de toda ordem, para levar-me de novo à sua firma.

Quando fui lá, pela primeira vez, tudo o que deviam ter feito era apenas a pequena gentileza, tão barata, de me enviar um pouco mais de cortesia.

Os clientes podem demitir todos de uma empresa, do alto executivo para baixo, simplesmente gastando seu dinheiro em outro lugar.

Sam Walton

INTRODUÇÃO

Crises de todos os tipos, econômicas, financeiras, de consumo e de credibilidade, assolam o mercado de tempos em tempos, estimulando a criação e o desenvolvimento de novas técnicas em diversas áreas, com o intuito de melhorar ou recuperar o desempenho de empresas e produtos.

Fórmulas complicadas, modismos corporativos, gurus da vez, releituras de mecanismos assertivos e muitas outras invenções procuram criar soluções para todos os tipos de mazelas corporativas, provocadas por crises cíclicas, como forma de evitar a acomodação natural nos tempos de bonança.

A experiência no acompanhamento de crises profundas, como o estouro da *bolha ponto com* e, mais recentemente, a crise financeira e de confiança provocada pelo *subprime* americano, aliada ao monitoramento de longo prazo em empresas com crescimento consistente e crescente nos últimos anos, leva a uma melhor avaliação da importância do atendimento na política corporativa das empresas de sucesso.

O atendimento, um item simples dentro da política de vendas das corporações, tornou-se uma ferramenta de aplicação ampla em todas as áreas e níveis hierárquicos, do operacional até ao topo do organograma no nível estratégico das organizações.

Muito se tem falado sobre esse assunto, uma etapa muito importante para qualquer organização. Algumas empresas executam seus planos estratégicos com excelência e outras nunca conseguem atingi-los ou, mesmo, colocá-los em prática. No mercado há várias técnicas e metodologias para a elaboração e execução desse plano, porém o mais importante é conhecer os objetivos e as metas que a empresa deseja atingir.

Para a elaboração do planejamento, o primeiro passo é a quebra do objetivo principal em etapas ou processos menores, que serão distribuídos pelos gestores responsáveis (por área, unidade de negócio, departamento, etc.), para ser executado durante o ano ou em determinado período. Esta é a parte mais fácil, a execução das etapas que compõem o plano maior.

Na elaboração do plano estratégico, é preciso que as empresas considerem três disciplinas apontadas no estudo do mercado americano, de *Treacy* e *Wiersema* (1995), mas facilmente aplicável em qualquer parte do mundo. Várias empresas analisadas têm atuação global, como Coca-Cola, Dell, Ford, Federal Express, IBM, McDonald's, Procter and Gamble, Hertz, Wall Mart, Xerox, entre outras.

Para os autores, na elaboração do plano estratégico é preciso que a empresa considere três aspectos: excelência operacional, liderança de produto ou serviço e intimidade com o cliente (atendimento).

A empresa não pode eleger mais de uma dessas disciplinas como foco principal, pois perderá a direção, já que em alguns momentos se tornam contraditórias. Quando a empresa opta pela excelência operacional, pode buscar não somente qualidade e eficácia, mas também produtividade, que vem sempre atrelada ao baixo custo. Nesse momento seu foco será interno visando aumentar a produtividade, a eficácia e usar seus recursos humanos ou máquinas no limite máximo para atingir a excelência operacional.

Na outra ponta temos a disciplina da intimidade com o cliente, em que é preciso utilizar um tempo maior para entender melhor o que cada cliente deseja. É preciso realizar visitas frequentes para sensibilizá-lo, propor alternativas de soluções, discutir detalhadamente as propostas, efetuar inúmeras rodadas de apresentações e negociações. Com esse pequeno exemplo já podemos ver que a balança não se estabiliza, pois, de um lado, falamos em produtividade (um vendedor para vários clientes) e, de outro, de intimidade com o cliente, o que requer um vendedor para cada cliente e, às vezes, até uma equipe por cliente, no caso corporativo e no famoso corpo a corpo vendedor-cliente, no caso do varejo.

Você e seus funcionários conhecem o plano estratégico da sua empresa? Estão todos trabalhando com o foco principal na mesma disciplina? O foco da empresa é a Excelência Operacional, Liderança de Produtos/Serviços ou Intimidade com o Cliente? Você ficará surpreso ao fazer essa enquete.

Este livro apresenta propostas para empresas com foco estratégico na intimidade com o cliente, ou seja, técnicas, orientações e soluções para a aplicação no dia a dia e no corpo a corpo do atendimento ao cliente, nas suas formas mais díspares.

Uma infinidade de materiais pode auxiliar o profissional de vendas no *upgrade* da carreira, técnicas consagradas e testadas, novos experimentos e milagres sensacionais, que fariam corar os mais entusiastas. Porém, todo esse rico acervo trata da solução de problemas de maneira unilateral, ou seja, como se vendedores simples pudessem, magicamente, solucionar 100% dos problemas de vendas da empresa. Sem dúvida, cabe ao profissional de vendas a maior parcela de responsabilidade pela venda, mas não podemos de forma alguma, deixar de descartar outros fatores que compõem o cenário.

As promessas da propaganda e marketing, as regras nos contratos de venda, a política de relacionamento da empresa com os colaboradores e, principalmente, com seus clientes criam uma área de atenção, que deve ser entendida e cuidada, com o objetivo de propiciar suporte e não obstáculo ao vendedor perante o cliente.

É preciso conscientizar, demonstrar, capacitar e organizar as pessoas em torno da ferramenta atendimento, a fim de torná-la eficaz e respeitável em todos os níveis hierárquicos da empresa, transformando todos em agentes e facilitadores indiretos na negociação com o cliente.

A interação da empresa com o profissional de vendas tem o propósito único de satisfazer plenamente o cliente, consolidar a venda presente e tornar possível a venda futura.

Após o entrosamento empresa-vendedor e o entendimento da necessidade de coexistência harmoniosa entre as partes, cabe investir no desenvolvimento profissional do vendedor.

Análises, percepções e casos ajudam a distinguir o simples vendedor do vendedor de sucesso.

Técnicas, dicas, elementos de atenção e o mantra do vendedor de sucesso auxiliarão você a reavaliar a metodologia de trabalho dentro das suas peculiaridades, experiências e oportunidades, que, associadas a algumas características marcantes do bom vendedor, como dedicação, empenho e força de vontade, serão a sua chave de entrada no seleto grupo de **VENDEDORES DE SUCESSO**.

CAPÍTULO 1

SUA EXCELÊNCIA, O ATENDIMENTO

O conhecimento das tendências é valioso. Chegar aonde os consumidores estão antes da concorrência, oferecendo-lhes o que nem sabiam que iriam querer. A isso se dá o nome de SUCESSO!!!

Faith Popcorn

1.1 Atendimento - conceito

ATENDIMENTO, segundo o dicionário *Houaiss* e o *Michaelis*, substantivo masculino, ato ou efeito de atender

ATENDER: segundo o dicionário *Houaiss*,
Verbo transitivo direto e transitivo indireto

1 dar atenção a, ouvir
2 responder (a chamado)
3 estar disponível para ouvir; receber
4 dar audiência a; receber em audiência
5 dar consulta médica (a); examinar (enfermo)
6 dar solução a; resolver, responder
7 dar despacho favorável; deferir; aprovar

8 mostrar a mercadoria a (comprador); vender

9 servir à mesa (em restaurantes, cafés, etc.)

10 ter a atenção despertada por; atentar

11 cumprir ordem; seguir conselho; obedecer, ouvir, acatar

12 aguardar com atenção, esperar atentamente

13 prestar socorro; acudir, socorrer

1.2 O lento reconhecimento do Atendimento

O tratamento dado pelas empresas à ferramenta atendimento, ao longo dos tempos, pode ser considerado muito abaixo da média em relação a outras ferramentas e estratégias de marketing e vendas.

Apenas nos últimos anos o atendimento ao cliente tem recebido maior atenção por parte das empresas, mesmo que ainda muitos meios utilizados sejam inócuos e inadequados, como a maioria dos serviços de telemarketing e de suporte telefônico.

Empresas empenham milhões de reais em propaganda em mídia falada, escrita e televisiva, em patrocínios, *budgets* generosos em desenvolvimento de marcas, embalagens de produtos, requintadas instalações e recursos ilimitados de multimídia, tudo para chamar a atenção do consumidor, porém a maior parte deixa de lado o que considera um pequeno detalhe: o atendimento.

O investimento na ferramenta atendimento é infinitamente menor, mas exige disciplina, empenho, treinamento constante, além de não expor o profissional responsável pela sua implantação ao *glamour* de outras ferramentas, como as campanhas promocionais, que tornam o resultado final muito mais tangível perante a organização.

O reconhecimento da ferramenta atendimento vem ocorrendo, mas em um processo lento e gradativo que ainda não atingiu a maturidade. Esse hiato e esse descuido na maioria das companhias podem tornar-se um diferencial altamente recompensador para a sua organização e para você, **vendedor de sucesso**.

1.3 Sua excelência, o atendimento

A posição do atendimento, hoje, em qualquer organização, deveria ser de destaque incontestável.

O atendimento, apesar da sua característica simples, é o grande diferencial das organizações. De forma direta ou indireta, auxilia o posicionamento e o fortalecimento da marca, é diretamente responsável pelo grau de fidelização dos consumidores, influencia na sensibilização e aproximação do cliente com a loja ou o produto e, ainda, proporciona maior rentabilidade pelo aumento da intimidade entre as partes, resultando em um maior número de vendas casadas.

O tratamento dispensado à ferramenta atendimento nos dias de hoje, não condiz com sua importância na busca de diferenciação de mercado, sendo diretamente proporcional ao nível de retorno que a empresa poderá auferir.

1.4 Atendimento - o conceito aplicado a vendas

A ferramenta atendimento compreende o conjunto de ações diretas e indiretas que conduzem, influenciam e decidem a venda.

O atendimento é o responsável por despertar sensações como conforto, segurança, seriedade da loja ou do produto, confiança e realização no consumidor antes, durante e após o processo de vendas.

Realizado de maneira correta, além de satisfazer o consumidor, auxilia o marketing em questões como retenção, fortalecimento da marca perante o consumidor e levantamento de dados primários.

O momento zero do atendimento pode ocorrer em diversas situações e antes mesmo do contato do consumidor com a equipe de vendas: via telefonista, serviço de telemarketing, 0800, manobristas, porteiros, seguranças, pessoas encarregadas da limpeza, *site* da empresa, loja virtual e um sem-número de possibilidades, conforme as especificidades de cada empresa e produto.

CAPÍTULO 2

ATENDIMENTO – A DIFÍCIL SIMPLES ARTE DE VENDER

A difícil simples arte de vender é a melhor definição de atendimento, pois, apesar de ser considerada uma técnica simples que todos sabem usar, é no dia a dia dos profissionais e das empresas no trato com seus clientes que percebemos a dificuldade e o grau de complexidade, o que interfere na correta utilização.

Talvez pela falta de explicações técnicas complexas, frases ou termos de uma língua estrangeira ou mesmo pelo caráter simples das ações, muitas organizações optam por processos sofisticados de marketing e vendas, sem considerar a ferramenta atendimento.

Devido ao caráter simples da técnica atendimento, poucas organizações conseguem utilizá-la com excelência e dela extrair um reflexo positivo nas vendas e no relacionamento com os clientes. Assim, podemos dizer que a essência do atendimento são técnicas simples, mas de difícil aplicação nas organizações.

Atendimento, além de ferramenta de marketing, é, sobretudo, solução em vendas.

As dificuldades em qualquer tipo de negócio são as mais diversas e diárias na batalha para manter o foco no desenvolvimento e crescimento. Muitas vezes, o que distingue uma empresa das demais é a qualidade superior do atendimento prestado aos clientes.

A concorrência, as metas de vendas e o retorno do investimento dos acionistas são alguns dos fantasmas que rondam qualquer empresa, independentemente do porte.

A paranoia constante das empresas e de seus colaboradores é focar 100% do tempo em vendas ou em técnicas e ferramentas que auxiliem na maximização dos resultados.

Na busca do incremento constante de vendas, as empresas investem milhões em novas tecnologias, desenvolvem novos produtos a todo instante e, de tempos em tempos, aplicam novas estratégias administrativas e de marketing. Muitas vezes, porém, o empenho e o investimento não se transformam em vendas reais e os altos custos das operações acabam por levar a recorrentes fracassos de vendas e prejuízo para as organizações e seus acionistas.

Atendimento, a difícil simples arte de vender, pode ser uma solução para essas dificuldades, o que nos leva a apresentar as técnicas básicas, mas essenciais ao fortalecimento das estratégias de vendas.

Qualquer estratégia de vendas começa pelo atendimento, o que significa dizer que todas as pessoas da organização que tenham exposição ao cliente devem ser treinadas e orientadas para utilizar, de maneira satisfatória, todas as técnicas e ferramentas de atendimento como parte integrante do plano estratégico da empresa.

Vender é mais do que um ato mecânico, mas vender com excelência é realmente uma arte. Arte em que, como em outras tantas, poucos conseguem manter o nível de dedicação, empenho, treinamento e disposição necessários para serem considerados **vendedores de sucesso** e sempre estarem prontos a servir o cliente.

CAPÍTULO 3

PROBLEMAS NAS VENDAS?

Quer interessar aos demais? Provoque-os!
Salvador Dalí

Em que empresa não ocorre um problema na área de vendas? Um problema crônico ou talvez alguma insatisfação pontual, não importa, mas, sem dúvida, em qualquer empresa, uma das áreas mais cobradas é Vendas, quando se trata da eficácia e eficiência das ações.

Seus resultados refletem diretamente o desempenho das ações de marketing, com forte impacto no setor financeiro da empresa, já que as vendas exercem grande influência no capital de giro e, principalmente, no fluxo de caixa. A área de Vendas rege o ritmo do trabalho, criando picos de produção ou capacidade ociosa, dependendo do seu desempenho.

Tal análise parece simplista, mas tem o objetivo de ressaltar a importância e a responsabilidade do setor de Vendas dentro da empresa.

Inúmeras ferramentas foram criadas e são constantemente usadas pelas empresas para corrigir distorções e amenizar a dependência de um setor em relação a outros, como banco de horas, terceirização, antecipação de recebimentos, investimentos de curto prazo, pesquisas de retenção de marca por parte do consumidor e índices de exposição, entre outros.

Todas as ferramentas são imprescindíveis em um cenário real de mercado e competitividade, mas que empresário não sonha em produzir com capacidade plena, manter produtos acabados em estoque, gerar vendas constantes e recebimentos isentos de inadimplência? Utopia? Com certeza!

Podemos tentar aproximar sempre mais a empresa desse cenário ideal, treinando e capacitando a equipe de Vendas, para entender e conhecer melhor o comprador, a fim de otimizar o número qualitativo das vendas, ou seja, o número de transações efetuadas, o que envolve o valor agregado de cada venda, a agilidade no atendimento de cada transação, bem como a minimização da perda futura da venda com inadimplência.

Entre as inúmeras estratégias focadas no aperfeiçoamento do setor de Vendas, algumas são bastante utilizadas:

- Treinamento nos produtos
- Análise de clientes potenciais
- Sondagem
- Abordagem ativa
- Superação da objeção do cliente
- Fechamento de vendas
- Pós-venda
- Retenção dos clientes conquistados

Mais uma vez, a utilização de todas as técnicas é válida na disputa constante da atenção do consumidor.

De maneira nenhuma a intenção é depreciar quaisquer formas ou técnicas de vendas, mas, muitas vezes, algumas tornaram-se tão especializadas que tendem a atingir um nicho de mercado, restringindo e bitolando a capacidade da equipe de Vendas.

Diversas técnicas de vendas são baseadas e desenvolvidas com uma infinidade de dados técnicos e análises estatísticas que traduzem a verdade dos fatos, criando uma fórmula ou um padrão de conduta para os vendedores.

Muitas exposições, sugestões e práticas fazem parte do universo das técnicas de vendas, contudo é a concentração e o foco no atendimento que vão propiciar maior intimidade entre vendedor e cliente, produzindo o **SUCESSO**.

PECADO CAPITAL: Não reconhecer seus problemas de vendas.

PONTO ESSENCIAL: A ferramenta atendimento soma-se às demais técnicas de vendas.

DIFERENCIAL: Dar atenção aos números qualitativos de vendas e não aos quantitativos.

CAPÍTULO 4

QUEM É A MINHA EQUIPE DE VENDAS?

As pessoas necessitam de estímulo.
Seus poderes naturais devem fortalecer, não debilitar. No lugar de insistir nas fraquezas de uma pessoa, fale de suas virtudes.
Ressalte suas melhores qualidades. Seu verdadeiro ser se atreverá, fará e triunfará!
Eleanor Porter

O primeiro ponto é definir quem são as pessoas que fazem parte da equipe de Vendas. São os balconistas, os vendedores externos, os representantes comerciais, o telemarketing ou os atendentes do serviço de entrega (*delivery*)?

A equipe de vendas se compõe de todas as pessoas que trabalham na empresa e que de alguma maneira mantêm contato com o cliente.

Portanto, são pessoas de vendas os caixas, porteiros, seguranças, faxineiros, manobristas, motoboys/motoristas, entre tantas outras que mantêm contato direto com o cliente ao longo do processo de vendas.

O próprio processo de vendas deve ser entendido como algo muito maior e mais abrangente que a relação vendedor-consumidor. A venda, muitas vezes, começa mesmo antes de o consumidor entrar em contato direto com o vendedor. E a predisposição do consumidor para a compra pode ser maior ou menor, dependendo do tipo de atendimento que lhe foi prestado.

O vendedor pode exercer duas funções:

- finalizador: quando o cliente já chega com uma experiência agradável em relação ao atendimento, mais receptivo às informações e ofertas, propiciando uma oportunidade ao vendedor de concluir rapidamente e com sucesso a venda.
- bombeiro: quando o vendedor tem que lançar mão de todos os artifícios para "apagar o incêndio", causado por má qualidade no pré-atendimento, o que gerou desconforto e perda de tempo ao cliente, que, irritado, se torna displicente e arredio a qualquer tipo de informação ou oferta. Cabe ao vendedor acalmar e tranquilizar o cliente, para depois dedicar-se à venda, o que exigirá maior habilidade, esforço e tempo para tornar-se uma realidade.

É necessário definir bem e claramente os diferentes tipos de **vendedores**, para adequar a carga horária, a intensidade e o tipo de treinamento para cada nível. Mas é certo que todos devem receber treinamento adequado, a fim de customizar ao máximo o atendimento ao cliente.

Surge um novo questionamento: Como a telefonista, o manobrista, o porteiro e outros realizarão a venda ao cliente?

Resposta: Todo funcionário, dentro do horário comercial, é a cara da empresa e, por conseguinte, o seu porta-voz.

A telefonista, o manobrista e o atendente, provavelmente, não farão nenhuma venda direta ao cliente, mas são ferramentas essenciais ao processo de venda, pois o cliente é conduzido ao vendedor por essa enorme gama de funcionários que exercem as mais variadas funções, e é o reflexo de seu atendimento que influenciará a decisão de compra.

Tomemos como exemplo uma concessionária de veículos. Todas as vezes que levamos o carro para revisão ou algum tipo de reparo, oferecem-nos uma infinidade de serviços, como higienização do ar-condicionado, limpeza do couro, polimento, cristalização, garantia estendida e por aí vai, uma lista de produtos e serviços a serem agregados à revisão.

Será que a decisão do consumidor em aceitar alguma oferta está relacionada à qualidade do serviço prestado até então?

Coloque-se na posição do dono do veículo! Ao telefonar para a concessionária, você leva mais de cinco minutos para ser atendido para saber o horário do atendimento. Passado esse pequeno incidente, você recebe, na oficina, mais um chá de cadeira de vinte minutos para abertura da ordem de serviço. O atendente, cansado da correria, dá pouca atenção ao seu relato dos defeitos do veículo e o manobrista leva seu carro para o interior da oficina de maneira brusca e em alta velocidade.

Ao fim dessa epopeia, surge uma moça bonita, simpática e sorridente, que lhe oferece um sem-número de serviços e produtos.

Responda: Qual a paciência, humor e predisposição para a compra naquele instante?

A telefonista, o atendente e o manobrista fazem parte do processo de venda ou não?

Podemos chamá-los de vendedores, uma vez que sua atuação isolada ou em conjunto contribui para a efetivação ou não da venda?

Para distinguir e melhor organizar a hierarquia de vendas, chamaremos esse grupo que não atua diretamente na venda, mas que a influencia positiva ou negativamente, de **agentes de interação de vendas**.

Esses agentes devem ter conhecimentos básicos do produto, localização de objetos e pessoas, educação, respeito e paciência no trato com o cliente.

Um bom agente de interação de vendas é aquele que, por sua postura, transmite segurança e confiança ao cliente.

Por inúmeras questões, como simplicidade, baixo nível de formação, timidez e fobias, entre outras, não podemos contar 100% do tempo com um desempenho satisfatório dos agentes de interação. Nesse caso, é preciso treiná-los e orientá-los, para que seu desempenho, se não contribuir, ao menos não prejudique o processo de vendas.

A falta de treinamento e interesse desses agentes de interação pode causar sérios danos à imagem da empresa.

PECADO CAPITAL: Não integrar as funções periféricas ou os agentes de interação no modelo de vendas da empresa.

PONTO ESSENCIAL: Todo funcionário, por definição, é vendedor.

DIFERENCIAL: Cultuar na política da empresa o mantra incondicional: *A Venda é Responsabilidade de Todos.*

CAPÍTULO 5

MARKETING E ATENDIMENTO

Se você faz um bom produto, ainda que viva nas profundezas de um bosque, o público fará uma trilha até a sua porta, diz o filósofo. Mas, se quiser que o público chegue em multidões, é melhor que construa uma estrada.

William Randolph Hearst

Não se pode falar de atendimento sem falar de Marketing.

Marketing é um processo importante para descobrir, atender e superar as expectativas e necessidades dos clientes, predispondo-os a fazerem parte de um processo de troca, ou seja, o marketing utiliza-se de ferramentas para não somente identificar os desejos do cliente, mas também orientar o processo de compra, a partir de uma visão baseada em suas necessidades.

Marketing é muito mais abrangente e não se limita apenas à imagem e promoção de um produto. Ele é o responsável pela prospecção, pesquisa, análise de mercado, formatação, promoção, acompanhamento, atendimento e pós-venda, entre muitas outras funções.

> O marketing é o conceito de onde surgem as ferramentas que, utilizadas de forma correta e controlada, ajudam na busca da maximização de resultados, por meio do acréscimo de receitas lucrativas (NARDI, 2006, p. 17).

5.1 Definições clássicas de Marketing

A própria definição de Marketing já nos dá uma ideia da importância do atendimento no processo de troca (venda).

Marketing (márquetin) [ingl.] S.m. Econ. Conjunto de estudos e medidas que proveem estrategicamente o lançamento e a sustentação de um produto ou serviço no mercado consumidor, garantindo o bom êxito comercial da iniciativa. (*Novo Dicionário Aurélio*)

O marketing é tão básico que não pode ser considerado como uma função isolada. É o negócio todo visto do ponto de vista do resultado final, isto é, do cliente. (KOTLER, 1998, p. 29.)

O marketing é uma atividade de negócios complexa e integrada, responsável por decisões como projeto, preço, comunicação e distribuição do produto. (SEMENIK & BAMOSSY, 1995, p. 3.)

5.1.1 O Marketing, segundo Kotler

Marketing é a atividade humana dirigida para a satisfação das necessidades e desejos, através dos processos de troca.

A existência de necessidades e desejos humanos leva-nos ao conceito de produto. Um produto é tudo aquilo capaz de satisfazer a um desejo.

O fato de que o homem tem necessidades e desejos e de que há produtos capazes de satisfazê-los é importante, mas não o suficiente para definir Marketing. O Marketing existe quando o homem decide satisfazer as suas necessidades e desejos de uma forma que poderemos chamar de troca.

A troca exige as seguintes condições:

1 - existem duas partes;

2 - cada parte tem algo que pode ter valor para a outra;

3 - cada parte é capaz de se comunicar e de fazer a entrega;

4 - cada parte é livre para aceitar ou rejeitar a oferta.

> O conceito de troca leva, naturalmente, ao conceito de mercado. Um mercado é uma arena de troca. (KOTLER, 1996, p. 30.)

5.2 Os mercados e a ferramenta atendimento

Kotler define o mercado como uma arena, o local onde são efetuadas as trocas, que satisfaçam os desejos e as necessidades de todas as partes envolvidas no processo.

O que ocorre nessa arena (mercado), quando há mais de dois participantes (empresas), dispostos e ávidos por satisfazerem as necessidades e desejos do mesmo cliente com um mesmo produto?

Qual o fator de diferenciação que o participante (empresa) deve buscar, a fim de sobressair-se perante os seus concorrentes? O que a empresa deve fazer para ser a preferida do cliente?

Toda disputa é benéfica e saudável para o mercado e, principalmente, para o consumidor, pois é o início do processo que conhecemos pelo nome de concorrência. E, pela lei natural de mercado, quanto maior a concorrência maiores serão os benefícios que o consumidor irá auferir no processo de compra.

O marketing é um meio pelo qual as empresas podem destacar-se, com ferramentas que proporcionam importantes variáveis de diferenciação no mercado.

O atendimento tem custo de desenvolvimento e aplicação muito baixo, se comparado a outras ferramentas. Sua intangibilidade deve-se à impossibilidade de cópia do modelo desenvolvido, e sua customização passa pela total adaptabilidade em relação ao cliente.

5.3 A ferramenta Atendimento: exclusividade de Vendas ou de Marketing?

Quando se fala na ferramenta Atendimento, é inevitável discutir de quem é sua atribuição: do departamento de Vendas ou do departamento de Marketing?

A resposta é sempre a mesma: as atribuições e responsabilidades pelo atendimento na empresa devem ser distribuídas entre os dois departamentos a fim de gerar uma sinergia entre as áreas, como comenta Drucker (1973):

> O objetivo do marketing é tornar a venda supérflua, é saber e compreender tão bem o cliente que o produto ou serviço o sirva e se venda por si mesmo. Do ponto de vista ideal, o marketing deve resultar num cliente que está pronto para comprar. (p. 64)

Nessa missão está o processo de compreender o cliente, estudá-lo a fundo, buscar *feedback* de suas experiências anteriores e prepará-lo para a compra.

A equipe de Vendas, pelo treinamento e atendimento customizado ao cliente, pode ser uma rica fonte de informações, para embasar o processo desenvolvido pelo marketing.

Preparar o cliente para a compra é outra atribuição do marketing. Nesse aspecto, o atendimento é imprescindível, pois não existe empresa no mundo que tenha estabelecido um planejamento de marketing tão perfeito a ponto de o cliente entrar na loja e comprar um produto sem questionar ou ao menos ter a atenção desviada por outro concorrente na gôndola que ofereça alguma vantagem.

Se algo falhou no planejamento de marketing que levou o cliente a entrar no estabelecimento com a intenção de comprar, mas sem a certeza definitiva de qual produto levar, qual a pessoa mais indicada para reforçar as características do produto, os pontos positivos, dirimir as dúvidas e continuar o processo de preparação do consumidor para o ato final e glorioso, que é a compra? Qual o método mais apropriado para executar a aproximação final com o cliente, que o marketing, por algum motivo, não conseguiu atingir?

O vendedor é a figura mais indicada para continuar o processo de marketing dentro da loja, e a melhor ferramenta é o atendimento atencioso, dedicado e primoroso.

Não podemos dizer que marketing e vendas coexistam no mesmo espaço e que são ferramentas intrinsecamente coligadas, mas, na realidade e dinâmica de mercado, existe correlação entre essas áreas, da qual a ferramenta atendimento é um dos principais elos.

5.4 Marketing e Atendimento para todos

Cabe sempre pontuar: o marketing e a ferramenta atendimento se encaixam em todos os portes de empresa e se adaptam a todo tipo de fluxo de caixa e disponibilidade de investimentos.

Envolto em muito folclore, talvez um dos maiores mitos, seja que o marketing é coisa para grandes empresas.

Esse conceito vem mudando nas últimas décadas. As pequenas e médias empresas utilizam cada vez mais as técnicas de marketing para conseguir diferenciais competitivos e alavancar seus níveis de venda.

Já o atendimento tem um menor nível de rejeição entre os pequenos empresários que, às vezes, deixam de aproveitar todo o seu potencial na maximização de resultados e fidelização dos clientes.

As grandes corporações, devido ao tamanho, priorizam ferramentas com indicadores de desempenho numéricos em detrimento do atendimento baseado em indicadores intangíveis e de difícil gerenciamento a distância.

Devido ao nível ensandecido de competição nos últimos anos, algumas grandes corporações vêm investindo com mais atenção na ferramenta atendimento, a fim de otimizar o relacionamento com os seus clientes.

O marketing atende às exigências de todos os níveis da organização, cabendo apenas a adequação das técnicas perante os recursos disponíveis.

Alguns pontos de difícil administração nas grandes organizações passam a ser pontos fortes nas pequenas, como a sinergia entre os departamentos. Nas pequenas empresas, por sua estrutura pouco complexa e com poucos níveis hierárquicos, a implantação de uma política visando à satisfação do cliente é de mais fácil assimilação.

A questão do envolvimento é outro fator a favor das pequenas. Como normalmente o centro decisório é seu dono, quando este decide por uma ação de marketing, torna-se o condutor natural do processo e o exemplo para todos da organização, o que também ocorre com a ferramenta atendimento.

Ao contrário do que muitos pensam, ações de marketing não são necessariamente atreladas a vultosas somas de recursos. As pequenas empresas podem valer-se de técnicas de marketing que inicialmente não demandam grandes investimentos, mas, sim, envolvimento, vontade e paciência para que os resultados possam aparecer. Normalmente, as ferramentas como marketing de relacionamento, produzem resultados em longo prazo. Assim, para iniciar qualquer ação de marketing, temos de colocar de lado nossas ansiedades e a crença de que o marketing produz "milagres", leia-se: resultados rápidos.

Já com relação ao atendimento, os resultados aparecem no médio e, às vezes, no curto prazo, pois a relação cliente-empresa é direta e constante. Uma melhora significativa no nível de atendimento e atenção ao cliente pode render frutos, como uma retenção maior de consumidores e o aumento das vendas casadas no curto prazo.

PECADO CAPITAL: Trabalhar isoladamente os departamentos de Marketing e Vendas.

PONTO ESSENCIAL: Executar um planejamento de marketing definido e voltado ao cliente.

DIFERENCIAL: Aplicar as técnicas de atendimento desde a preparação inicial até o plano de marketing.

CAPÍTULO 6

O CONSUMIDOR DO PONTO DE VISTA PSICOLÓGICO

O fim material de toda atividade humana é o consumo.
William Beveridge

6.1 Aspectos psicológicos do consumidor

Do ponto de vista psicológico, o consumidor é um só, ou seja, não existe distinção de consumidores de baixa ou alta renda, de classe média ou de elite, o que significa dizer que o ser humano sempre será humano, com características contraditórias, diversidades e conflitos internos.

A psicologia do consumidor de qualquer camada social é a mesma e atende pelas mesmas necessidades elencadas na pirâmide de Maslow: fisiológicas, de segurança, sociais, de status e de autorrealização, que não escolhem poder aquisitivo e apresentam o mesmo grau de intensidade em todos os estratos da sociedade.

Figura 6.1 – Hierarquia de necessidades de Maslow

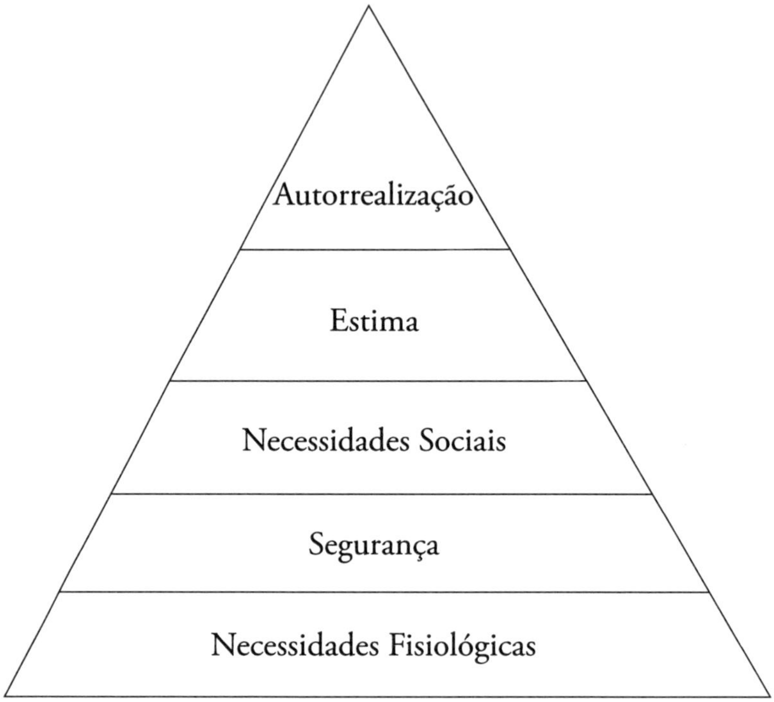

A Figura 6.1 mostra por ordem de importância os itens mais valorizados pelo consumidor na hora da compra e a hierarquia de realização desse consumo.

O equilíbrio entre a aquisição de produtos e serviços propicia ao consumidor equilíbrio emocional na arena de vendas.

A motivação que leva à compra está dentro de cada ser humano, que não se motiva pelos mesmos fatores, mas tem necessidades e motivações diferentes.

> O perfil de consumo é a convergência de diversos fatores, como estilo de vida, constituição familiar, poder de decisão, influência social e aspectos psicológicos. (NARDI, 2009, p. 42.)

Esse entendimento é importante para estabelecermos um atendimento de sucesso, pois auxilia a definir nichos de mercado com características semelhantes, onde podemos concentrar técnicas específicas e sensíveis a determinados grupos de consumo.

Um atendimento de sucesso é aquele que consegue captar todas as necessidades de compra do consumidor relacionadas ao produto ou não, sem qualquer segregação e pressuposição de sua disponibilidade.

Afirmar que, do ponto de vista psicológico, todos os consumidores são um só não é afirmar que todos são iguais, mas que a condição social, poder aquisitivo e de decisão, constituição familiar e influência social são os fatores que definem os grupos de compra dentro da sociedade, o que chamamos nichos de mercado, onde determinados fatores do produto e do atendimento são decisivos na opção de compra.

Como destaque, um dos fatores que motivam e definem um padrão exclusivo de atendimento e vendas é o fator econômico, ou seja, a possibilidade financeira de consumir, que molda, limita e define um determinado grupo de consumidores. Dentro dessas especificidades, o atendimento é relevante em todas as camadas sociais de consumo.

Podemos considerar três grandes grupos de consumo, segundo o poder aquisitivo de cada um: baixa renda, classe média e alta renda.

6.2 A importância do atendimento para o consumidor de baixa renda

Se você está tentando convencer as pessoas que façam ou comprem algo, tem que utilizar a linguagem delas: a linguagem que pensam.

David Ogilvy

De acordo com estimativas da Comissão Econômica para a América Latina e o Caribe (Cepal, 2007), o potencial de consumo de baixa renda engloba 301 milhões de pessoas.

O Brasil é responsável por pouco mais da metade da população de baixa renda. Esse exército de consumidores representa cerca de 87% da população brasileira, o que significa dizer que 52 milhões de lares pertencem a famílias de baixa renda.

O consumo dessa parcela da população tornou-se tão expressivo que, só em 2006, movimentou por volta de R$ 530 bilhões e, em 2007, atingiu a marca de cerca de R$ 550 bilhões.

O mercado de consumo voltado para o público de baixa renda é relativamente novo, mas tem ganhado importância estratégica para as empresas nos últimos anos, devido ao seu enorme potencial de consumo.

Com a estabilização da moeda a partir do Plano Real e o consequente controle inflacionário, despontou um novo consumidor ávido em tornar-se um *player* no mercado de consumo nacional, o consumidor de baixa renda.

O Plano Real criou uma situação de estabilidade que, além do acréscimo real do rendimento médio, reduziu drasticamente o número de pessoas abaixo da linha da pobreza. Muitos aspirantes a consumidores, sem recursos, viram na estabilidade da moeda a possibilidade de adquirir novos produtos e serviços.

O número de pessoas abaixo da linha da indigência também teve redução, criando uma massa de pessoas que, mesmo com poucos recursos, começou a sonhar com o consumo.

O Plano Real acarretou uma mudança radical no quadro de crescente desigualdade social e diminuição do bem-estar da população, possibilitando não somente a manutenção do crescimento da renda *per capita* como, também, melhor distribuição de renda em favor das classes menos favorecidas.

Devido ao crescente esmagamento da classe média, verificado nos últimos anos, o mercado de baixa renda passou a assumir um papel relevante no cenário nacional no que se refere ao poder de consumo.

Assim, é muito importante conhecer esse consumidor que, além do longo período de convivência com uma situação de consumo reprimido, viu na estabilidade econômica a oportunidade de adquirir bens que antes eram apenas sonhos sem prazo de realização.

Em *Marketing para o Varejo de Baixa Renda* (Novo Século, 2006), traçamos o perfil e os hábitos do consumidor de baixa renda.

6.2.1 Carências do consumidor de baixa renda

O consumidor de baixa renda é, por definição, carente e demanda uma atenção especial por parte dos responsáveis por vendas de empresas de qualquer porte e segmento comercial.

Tendo estado à margem do consumo por muito tempo, a experiência de consumo e o ato da compra são momentos de extrema satisfação e excitação para esse consumidor.

A maior parte das pessoas que se enquadram no perfil de consumo de baixa renda tem empregos voltados, 100% do tempo, ao serviço de outros. Ou seja, uma grande parcela desses consumidores são domésticos, porteiros, manobristas, recepcionistas, faxineiros, entre outras funções, cujo foco principal é servir a terceiros. Isso exige atender sempre a expectativa desses patrões em relação à postura, ao desempenho e à *serviciência*.

Para esse consumidor de baixa renda, o atendimento torna-se uma ferramenta indispensável e imprescindível em vendas.

6.2.2 O momento mágico da compra

O ato da compra para o consumidor de baixa renda é semelhante ao fascínio que uma mágica provoca nas pessoas.

A possibilidade de compra é um momento especial e deve ser tratado com muita atenção pelas empresas que queiram atender essa fatia de mercado.

O consumidor de baixa renda, no ato da compra, experimenta duas sensações distintas, mas com objetivos paralelos, das quais ele tem uma carência histórica: a sensação de um momento exclusivo, quando ele é o centro das atenções e das ações, está na loja para ser servido e não para servir, e a sensação de poder que a compra propicia, poder de realizar um desejo e sentir-se, por isso, incluído na sociedade.

6.2.3 Atendimento – o diferencial para a baixa renda

Devido à carência histórica e ao posicionamento do consumidor de baixa renda perante o ato da compra, o atendimento é a ferramenta mais indicada e direta que possibilita capitanear e maximizar os resultados de vendas das empresas que investem nesse segmento.

Marketing para o Varejo de Baixa Renda (op. cit.) apresenta os resultados de pesquisas sobre atendimento, apontando sua importância e repercussão para esse consumidor, como mostram os gráficos a seguir:

Gráfico 6.2 – Percentagem de respondentes, comparando atendimento e outros compostos de marketing

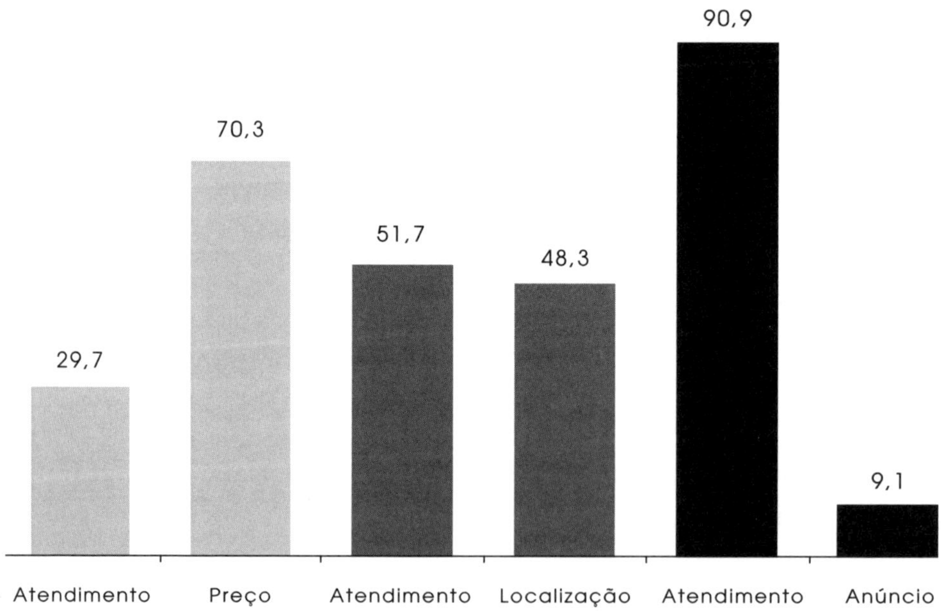

O Gráfico 6.2 mostra que o consumidor de baixa renda dá importância vital ao atendimento em relação ao anúncio e que o atendimento

ultrapassa a localização, aspecto este historicamente importante, uma vez que os meios de locomoção são decisivos na compra do consumidor de baixa renda.

O atendimento tem força expressiva em relação ao preço, fator predominante na cabeça de todo consumidor na hora da compra.

De posse desses dados, a pesquisa cruzou a variável atendimento com outras variáveis historicamente importantes para o consumidor de baixa renda no processo de compra.

Gráfico 6.3 – Importância das variáveis de atendimento para os pesquisados

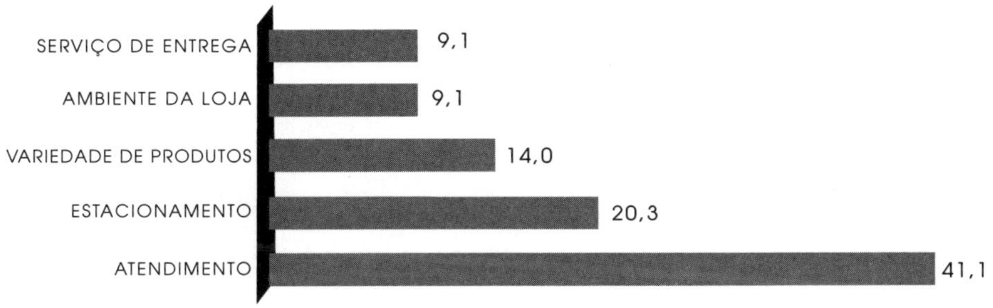

A qualidade do atendimento continua com a preferência da maioria dos entrevistados. Estacionamento, entrega, variedade de produtos e ambiente da loja ficam em patamares inferiores, quando o assunto é atendimento.

A análise dos gráficos mostra a importância que o consumidor de baixa renda atribui ao atendimento da força de vendas e dos agentes de interação de vendas na loja.

Quando se fala de atendimento, é necessário conhecer quais as variáveis mais importantes para o consumidor de baixa renda. A pesquisa aprofundou o tema, setorizando o atendimento em quatro grupos distintos, a fim de elencar a preferência em suas diversas possibilidades nas lojas que atendem essa faixa de consumo.

Gráfico 6.4 – Importância das variáveis de atendimento para os pesquisados

GRÁFICO AMARELO HORIZONTAL

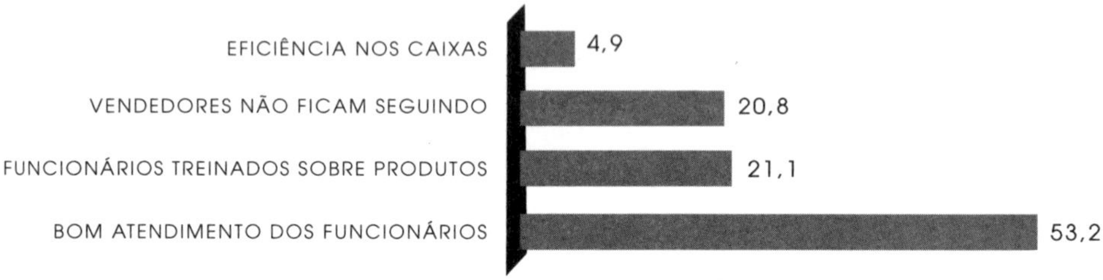

A porcentagem de 53,2% das preferências recaem sobre o bom atendimento dos funcionários, ou seja, a interface e o relacionamento que o cliente tem com o vendedor direto e com os agentes de interação de vendas no período de sua presença no estabelecimento.

Outros pontos importantes que agradam ao consumidor de baixa renda no momento da compra são funcionários treinados, que possam explanar as funções dos produtos expostos na loja, mas sempre atentos para manter a liberdade do cliente em circular, tocar e conversar em particular com seus acompanhantes sobre a compra. Os consumidores repudiam veementemente aqueles profissionais com o velho vício de seguir, insistir e, muitas vezes, forçar a venda, mesmo detectando indecisão do cliente quanto a este ou aquele produto.

O profissional de vendas jamais pode esquecer que, para o consumidor de baixa renda, a compra é um ato social, para o qual despende enorme quantidade de tempo para "passear" pela loja na busca da compra ideal. Assim, aspectos como eficiência nos caixas são relegados a segundo plano em comparação a outras variáveis.

Brindes e mimos são ferramentas importantes que encantam o consumidor de baixa renda, mostrando que a loja e o profissional de vendas o valorizam como cliente, consumidor e cidadão digno de atenção (leia-se carinho e afeto).

A pesquisa qualitativa de *Marketing para o Varejo de Baixa Renda,* demonstra de forma clara, simples e direta a importância que o consumidor de baixa renda atribui ao atendimento, como apontam os depoimentos abaixo:

PARTICIPANTE 1: E, se você paga a loja corretamente, se você paga certinho, eles até ligam para comprar novamente.

MODERADOR: Ligam?

PARTICIPANTE 1: Ligam.

PARTICIPANTE 1: Eles mandam cartinhas no Dia das Mães, no Dia do Pais.

MODERADOR: E como vocês se sentem, quando recebem um telefonema, quando recebem uma cartinha deles?

PARTICIPANTE 2: Contentes.

MODERADOR: E por que contentes?

PARTICIPANTE 2: Porque você é boa pagadeira.

PARTICIPANTE 3: Qualquer lugar que você chegar boa referência você tem...

MODERADOR: Como tem que ser para você o ambiente da loja? Quando você entra na loja, como tem que ser o ambiente?

PARTICIPANTE 2: Loja com gente feliz...

MODERADOR: E como a gente se sente, quando a gente compra eletroeletrônico ou um eletrodoméstico?

PARTICIPANTE 1: Alegre.

(Risos)

PARTICIPANTE 2: Louco para chegar em casa e utilizar.

MODERADOR: É isso?

PARTICIPANTE 1: Saber como funciona, pesquisar. Porque hoje em dia evoluiu bastante. Hoje a televisão, o som que você compra tem várias coisas. Então, você quer saber, quer pesquisar.

PARTICIPANTE 3: Imagine uma dona de casa que não tem uma máquina de lavar e que vê a primeira.

MODERADOR: Qual é a sensação?

PARTICIPANTE 1: Vai sentir felicidade e vai ficar melhor em relação ao lar, não é? Imagina a dona de casa que sabe que a partir do dia seguinte tudo vai mudar, vai ficar tudo mais fácil.

MODERADOR: Vocês têm essa ideia também de estar proporcionando alguma coisa?

PARTICIPANTE 1: Realização de um sonho, a realização de você querer algo e conseguir.

PARTICIPANTE 3: O meu, por exemplo, é ter uma televisão 29 polegadas.

PARTICIPANTE 2: É verdade.

PARTICIPANTE 3: Eu sou louca por uma tela grande.

MODERADOR: E como a gente sente, quando a gente não tem uma coisa dessas?

PARTICIPANTE 2: Se sente inferior.

MODERADOR: Se sente inferior?

PARTICIPANTE 2: É, eu me sinto inferior, porque não tenho o que eu gostaria.

PECADO CAPITAL: Ser preconceituoso e não dispensar atenção ao consumidor de baixa renda.

PONTO ESSENCIAL: Contato direto com o consumidor e ambiente digno e agradável na loja.

DIFERENCIAL: Proporcionar ao consumidor de baixa renda a experiência da compra como um momento especial.

6.3 O atendimento e a classe média

6.3.1 Histórico

A classe média já teve melhores dias no Brasil. No período de grande desenvolvimento, ela desempenhou um papel estratégico e cresceu extraordinariamente. Na quase estagnação dos últimos vinte e seis anos, entrou em declínio. Seus anos de glória foram os da industrialização e do nacional-desenvolvimentismo, período entre 1930 e 1980, quando o Brasil crescia a uma taxa média anual per capita de 4%. Nos tempos do Império e da República Velha, mal existia, era um estamento de servidores públicos e de profissionais liberais ligados ao Estado e à classe patriarcal proprietária de terras.

O quadro mudou entre 1930 e 1960, quando surgiu uma grande classe média de empresários industriais, comerciais e agrícolas; e mudou novamente nos anos 1970, quando ganhou prestígio e poder uma nova classe média profissional ou tecnoburocrática trabalhando para as grandes empresas e para as organizações públicas.

Foi essa classe média que, associada aos grandes empresários industriais, no início dos anos 1980, liderou o movimento político pela democracia; foi ela que lutou com denodo contra a injustiça social que o regime militar agravara; mas, em 1985, quando a transição democrática se completou, nem a classe média profissional que, em todo o mundo, desempenha um papel cada vez mais central nem os empresários souberam como repensar o desenvolvimento econômico que havia sido paralisado cinco anos antes.

Não souberam, pois, preocupados em combater o autoritarismo e a desigualdade, não haviam dado a importância necessária à autonomia nacional, pressupondo que o desenvolvimento econômico estava assegurado.

Em 1980, quando se desencadeou a crise, não foram capazes de enfrentar os novos tempos com novas ideias, não se mostraram capazes de formular uma estratégia nacional de desenvolvimento para competir com os países ricos na era do capitalismo global. Em vez disso, se subordinaram a esses mesmos países.

A classe alta trocou o desenvolvimento econômico pelos juros altos pagos pelo Estado que a ortodoxia convencional lhe oferecia por meio da política macroeconômica, ao mesmo tempo em que essa mesma ortodoxia oferecia aos países ricos (a si própria, portanto) câmbio baixo, não competitivo.

Os pobres, por sua vez, receberam aquilo que foi tacitamente decidido no grande acordo da transição democrática: entendeu-se, então, que a desigualdade radical existente na sociedade brasileira seria enfrentada com o aumento do gasto público em educação, saúde e assistência social. Os governos democráticos que se sucederam cumpriram o acordo, dobrando os gastos sociais em termos de percentagem do PIB. Os benefícios não resolveram o problema da injustiça social, mas aliviaram um pouco a miséria ou a pobreza de muitos.

A classe esquecida, estrangulada entre os juros dos ricos e os gastos sociais dos pobres foi a classe média. Nas últimas eleições, esse quadro assumiu caráter político: a classe média foi a grande derrotada. Ora, não devemos subestimar os riscos que esse quadro apresenta. Um país será tanto mais próspero e estável politicamente, quanto mais ampla e prestigiada for sua classe média. A crise que essa classe enfrenta é a própria crise do Brasil. É a crise de todo um conjunto de ideias que alimentaram a classe média brasileira nos últimos anos.

Bresser Pereira, in *Folha de S.Paulo*, 13/12/06.

O economista Bresser Pereira situa e demonstra a importância da classe média e de seu papel de consumidor na dinâmica de consumo nacional.

Nos últimos anos, com o incremento do consumo das classes menos favorecidas, a classe C, descolando-se da classe de baixa renda, surge como a nova integrante da classe média nacional.

Institutos, como Fundação Getúlio Vargas – FGV e Instituto de Pesquisa Econômica Aplicada – Ipea, já consideram a classe C como classe média. Bresser Pereira, por sua vez, já propunha, em 2006, o descolamento do estudo do consumidor de baixa renda em faixas distintas: classes D e E e classe C.

6.3.2 O poder da classe média

Considerando o consumidor da classe C uma nova parcela do universo da classe média, a FGV, em pesquisa realizada em abril de 2008, constata que a nova classe média nacional já soma 51,89% da população, ou seja, mais da metade do consumo nacional pertence à classe média.

6.3.3 O consumidor da classe média

O consumidor de classe média diferencia-se do consumidor das classes de baixa renda pela menor dependência de financiamentos ou prazos excessivamente longos para pagamento. Tem média educacional superior e melhor poder de entendimento e discernimento das situações que envolvem uma venda, na hora de comparar produtos, preços, juros ou opções de financiamento.

Tem maior acesso a produtos financeiros e mecanismos de proteção ao dinheiro e maior capacidade de poupança.

Tem um histórico de compra e participação relevante na dinâmica de consumo nacional muito maior que a população de baixa renda, o que lhe confere experiência e credenciais para exigir mais no momento da compra.

As aspirações e os desejos do consumidor de classe média voltam-se mais ao *status* social e conforto, aos produtos da classe de alta renda, que possam ser um diferencial de reconhecimento e *status* em seu meio. Carros mais modernos e possantes e viagens internacionais fazem parte do pacote de desejos da classe média brasileira.

6.3.4 Dificuldade *versus* oportunidade

O mercado de classe média, em virtude do seu tamanho e potencial de compra, é extremamente atrativo ao empresário nacional e, também pelo seu tamanho, bastante complexo no entendimento e aplicação de uma regra geral.

A classe média pode se subdividir em categorias que ora se aproximam do consumo popular, ora beiram a classe de alta renda. Por esse motivo, o produto, a venda e o atendimento devem estar afinados ao perfil do consumidor, tornando a arte de vender uma oportunidade ainda maior para o vendedor atuar e destacar-se de forma individual.

O atendimento de sucesso, focado no consumidor de renda média, deve equilibrar posições que podem parecer antagônicas, mas que, bem aplicadas, renderão retenção e fidelização desse consumidor.

Simplicidade com refinamento: a venda deve ser conduzida de maneira simples, com vocabulário comum e não rebuscado. A percepção a ser criada para o produto deve conter *status* e certo grau de exclusividade, diferenciando o produto ou serviço dos prestados ou vendidos em larga escala.

Customização com preço acessível: a grande oportunidade para agradar o público de classe média é a customização do produto, o destaque e o diferencial na opção de escolha. Aqui podemos citar uma gama das mais variadas de produtos caseiros e artesanais, que fogem ao lugar-comum dos produtos industrializados e que podem ser produzidos em menor escala, com um preço de venda mais acessível que as exclusividades da alta renda. Bolsas, sandálias, comidas para ocasiões especiais são alguns exemplos que tiram o produto do lugar-comum e o ressaltam aos olhos do consumidor de classe média.

O estrangeiro nacional: a classe média, em virtude de nossa cultura, valoriza o produto estrangeiro. Surge aqui a oportunidade da venda de similares nacionais de boa qualidade que possam suprir ou equiparar-se à qualidade dos produtos ou serviços importados. Um exemplo são os cursos de idiomas. A formação intelectual e profissional passa a ocupar mais espaço no consumo da classe média e a falta de recursos para um curso de línguas fora do País pode ser solucionada com um bom curso em terras tupiniquins.

6.3.5 O atendimento e a classe média

O atendimento para a classe média é também fator de destaque na hora da opção de compra. A folga no orçamento, comparado ao consumidor de baixa renda, permite que o consumidor de classe média "compre", além do produto, reconhecimento, atenção e valorização. Em muitas situações, ele abre mão conscientemente do menor preço para optar pelo melhor atendimento.

A vida do consumidor de classe média é mais complexa, principalmente nos grandes centros urbanos, e a comodidade e o atendimento de excelência pesam de maneira eliminatória no momento de optar entre um produto e outro.

O fator emocional tem peso, mas o racional diferencia um produto em relação a outro. Hoje, com tantas opções de produtos similares, o atendimento acaba sendo o fator de decisão na hora da compra para essa faixa de consumidores.

PECADO CAPITAL: Não distinguir o atendimento para a classe média e para a baixa renda.

PONTO ESSENCIAL: Subestimar o poder de consumo do cliente de classe média.

DIFERENCIAL: Oferecer um atendimento que valorize o produto e o consumidor, alçando-o a uma condição diferenciada.

6.4 A importância do atendimento para o consumidor de alta renda

É muito fácil adquirir hábitos de luxo e muito difícil se livrar deles, quando se faz necessário.

Fiódor Dostoiévski

Luxo deve ser confortável, caso contrário, não é luxo.

Coco Chanel

6.4.1 A Burguesia - Histórico

Apesar de abolida do dicionário de referências como classes mais favorecidas, a palavra burguesia e seu sentido histórico propiciam o entendimento dessa parcela de consumidores.

Com o fim das Cruzadas, no século XIII, mudanças estruturais e econômicas na Europa aceleraram e sepultaram de vez, o antigo sistema econômico baseado no feudalismo.

No período das Cruzadas foram traçadas as primeiras rotas comerciais delineadas pelos cavaleiros, que, de volta à Europa, vendiam o fruto de roubos e saques cometidos nas cidades orientais.

Como forma de proteção, a "nova classe de mercadores" passou a habitar os burgos, cidades rodeadas por muros, passando a ser chamados e conhecidos como burgueses.

A palavra burguesia surge um pouco mais tarde, tendo relação com a posição social, quando burguês passa a indicar todo indivíduo ou grupo econômico cujas atividades comerciais têm um único objetivo, o lucro.

A burguesia foi a responsável pela divulgação, propagação e sustentação do capitalismo por seus conceitos de livre comércio, liberdade pessoal e direitos civis. Apoiou revoluções importantes, como a inglesa e a francesa, e, gradativamente, fez crescer sua importância e influência na sociedade.

O ápice de seu poder se dá com a Revolução Industrial, no século XVIII, quando as posições sociais se polarizam em dois blocos: burguesia industrial e proletariado.

Desse momento em diante, estava definida a divisão entre a população, hoje conhecida como alta renda e baixa renda.

Não importa a nomenclatura: burguesia, elite, classe dominante ou simplesmente alta renda. O importante é saber que o consumidor de alta renda traz um longo histórico de consumo, escolhas, conveniência, satisfação e necessidade de exclusividade e diferenciação.

6.4.2 A alta renda no Brasil

Para definir o potencial do consumidor de alta renda, nada melhor que um mergulho rápido na matemática dos números.

Segundo pesquisa de 2008, da consultoria Bain & Company, o mercado de luxo nos países que compõem o BRIC (Brasil, Rússia, Índia e China) deve crescer, em média, nos próximos cinco anos 25%. Mesmo sob o impacto da crise mundial, os números devem permanecer na casa de dois dígitos. A vedete do BRIC será o Brasil que, com faturamento estimado, hoje, na casa de US$ 1,6 bilhão, deve receber incremento de consumo nesse período da ordem de 35%.

O frenesi do mercado consumidor de alta renda pode ser medido pelo número de novas marcas que aportaram ao País, em 2008. Mais de 20 novas marcas inauguraram operação própria no Brasil, o dobro do registrado no mesmo período de 2007.

Segundo a Bain & Company, mais de 50 grifes de luxo devem inaugurar ou firmar parceria para comercializar seus produtos no Brasil, nos próximos cinco anos, enquanto grifes já estabelecidas pretendem ampliar seus domínios e aumentar a participação e atuação no mercado, caso das grifes Armani, Louis Vuitton, Bvlgari, Dior, entre outras.

O crescimento nacional de vendas no mercado de alta renda vem de encontro a um fenômeno mundial de estagnação de vendas em mercados tradicionalmente consumidores de luxo, como o europeu, o americano e o japonês.

Outro dado interessante, levantado pelo banco de investimentos Merrill Lynch e que auxilia o Brasil a figurar na categoria de interesse das grandes grifes de luxo, é o surgimento, nos anos 2007 e 2008, de uma legião de novos milionários. O banco estima que o mercado de capitais, só em 2007, tenha "produzido" 63 novos milionários por dia. Essa máquina de produzir milionários fez com que as pessoas com patrimônio superior a 1 milhão de dólares aumentasse de 92.000, em 2002, para mais de 143.000 novos ricos, em 2007, um aumento impressionante da ordem de 55%.

Hoje, no Brasil, o número de milionários supera o de países tradicionais, como Rússia e Índia.

O que impressiona os especialistas não é somente o potencial de consumo da alta renda brasileira, mas também o gasto *per capita*. Levantamento de 2008 das consultorias MCF e GFK aponta que o consumidor de alta renda tem um gasto médio por compra de R$ 3.000,00, tendendo a efetuar compras duas ou três vezes ao mês. Esse comportamento leva o consumo de artigos de luxo ao mês por cliente a uma cifra média de US$ 2.800,00, valor quatro vezes superior ao gasto na Índia e o dobro na China.

Outra peculiaridade apontada pela consultoria é o perfil do consumidor de alta renda: mais da metade dos compradores são mulheres com nível superior e idade entre 26 e 35 anos.

Esse dado é de suma importância para estabelecer um atendimento de sucesso na venda de luxo no País.

6.4.3 A busca do consumidor de alta renda

Para montar uma estratégia de vendas dedicada ao público de alta renda, é necessário entender sua dinâmica de consumo.

O que representa o luxo? O que quer o consumidor, ao direcionar suas atenções a produtos com preços, muitas vezes, fora da normalidade? Que sensações a compra de luxo desperta nesse consumidor?

A descoberta dessas características possibilita direcionar um atendimento de sucesso, com ingredientes que proporcionem ao comprador o máximo de experiência de exclusividade e diferenciação.

Em janeiro de 2009, a Ipsos Consultoria, em parceria com o Luxury Marketing Council (LMC), apresentou, na pesquisa *Perfil do Consumidor de Luxo no Brasil*, importantes aspectos do mercado do luxo, mapeando suas expectativas mais relevantes.

O luxo é muito semelhante nas sensações e emoções criadas tanto para homens quanto para mulheres e pouco varia em relação à idade, ou seja, o luxo agrada e proporciona as mesmas sensações e *status*, independentemente de sexo e idade.

Para o consumidor brasileiro de alta renda, o luxo significa qualidade, referência para um bom produto, tendo altíssima relevância os aspectos intangíveis e emocionais.

O hedonismo, ou seja, o estilo de vida que prega o prazer como bem supremo, e o estilo de ser constituem, com a qualidade, os três pilares de vendas do luxo.

Na pesquisa, para 77% dos entrevistados, luxo é uma recompensa pessoal e uma maneira de viver com estilo e *design*; para 71%, é puro prazer, um modo de expressar estilo e personalidade.

Quanto à qualidade e autenticidade dos produtos, 88% das pessoas esperam qualidade superior e 85%, autenticidade da marca e do produto. Inovação, exclusividade e experiência especial e única são outros destaques. 80% buscam inovações; 78%, exclusividade de produtos personalizados e 74%, viver uma experiência inesquecível.

O luxo é muito abrangente, mas o consumidor o associa a certos produtos e serviços que primeiro lhe vêm à cabeça como destaques.

No universo masculino, o carro é destaque isolado. Das oito marcas de luxo citadas pelos homens, quatro são automóveis, seguidos de mais longe por roupas e joias.

Para o consumidor brasileiro, a região geográfica do luxo é a Europa, com destaque para a França. Produtos de referência nos círculos da alta renda que produzem a sensação de destaque, elitismo e bom gosto devem ter o Velho Continente como procedência, sobretudo França, Suíça, Itália e Alemanha.

A escolha do consumidor de alta renda é criteriosa e sua avaliação, implacável. Produtos como bebidas, automóveis, relógios e perfumes são itens que mais lhe chamam a atenção e, por isso, maior avaliação quanto à procedência. Assim, o consumidor de alta renda é caracterizado como uma pessoa fina e de classe ou um novo rico aspirante a *status* social.

6.4.4 O Atendimento e a Alta Renda

O atendimento de sucesso exige atenção a uma infinidade de pequenos detalhes.

O consumidor de alta renda já tem definido por si ou pela convenção social os produtos que pertencem à categoria de luxo e tem plena consciência dos benefícios que devem proporcionar. Por esse motivo, a venda de alto luxo é engessada, com poucas opções ao comprador. Um exemplo: a mulher entra na loja da Louis Vuitton para apenas comprar uma bolsa da Louis Vuitton; dificilmente o vendedor conseguirá oferecer outra opção. O homem vai à concessionária disposto a gastar centenas de dólares por uma Ferrari. O vendedor não conseguirá convencê-lo a levar um Audi.

O consumidor sabe o que quer, tem capital financeiro para fazer a compra sem necessidade de opções e, via de regra, não está interessado em explicações complexas de referências técnicas, funcionamento, procedência do material e outras informações, que tirem a sensação de bem-estar e exclusividade que o momento da compra vai lhe proporcionar.

O atendimento de sucesso deve provocar ao máximo a sensação de exclusividade e *status*, prolongar a estada do consumidor na loja com mimos diversos, a fim de que possa ser visto socialmente em uma posição *superior*. Realizar entregas programadas das compras, quando possível, como um minievento. Assim, a entrega de uma joia exclusiva deve ser feita pelo gerente ou autoridade máxima da loja, em lugar reservado, mas de destaque, acompanhada de um brinde, como uma excelente garrafa de champanhe francês.

Como o consumidor de alta renda sabe o que quer, cabe ao **vendedor de sucesso** orientar a venda, de maneira a proporcionar o máximo de prazer, exclusividade, atenção e diferenciação, elevando o produto e a venda a um patamar exclusivíssimo de destaque perante o já exclusivo mundo do luxo.

PECADO CAPITAL: Desconsiderar as necessidades e desejos do consumidor de alta renda.

PONTO ESSENCIAL: Estabelecer a oferta de produtos e serviços, segundo o padrão e a referência social do luxo.

DIFERENCIAL: Prolongar ao máximo a sensação de exclusividade e elitismo no momento da compra.

CAPÍTULO 7

NÍVEIS DE TREINAMENTO

Se queremos ser uma grande empresa amanhã, devemos começar a agir hoje mesmo como se o fôssemos.

Thomas J. Watson

Para atingir a excelência no Atendimento de Sucesso, inúmeros fatores devem ser levados em consideração. Um deles, em especial, contribui para o desenvolvimento, a consolidação e a conscientização da equipe, garantindo um mínimo de homogeneidade dos elementos (pessoas) e do nível hierárquico de sua empresa.

O treinamento é essencial e indispensável em qualquer planejamento estratégico que vislumbre o cliente como foco das ações.

Pelo treinamento a empresa apresenta de forma clara e compreensível, para cada nível hierárquico, suas diretrizes: capacitação dos elementos que participam de alguma maneira da relação com o cliente, o grau de exposição e sua importância na venda, conscientização e comprometimento de todos os níveis hierárquicos com a dinâmica de compra e preparação da equipe para um relacionamento duradouro com o cliente no período pós-venda.

7.1 Organograma dos níveis de treinamento da ferramenta atendimento

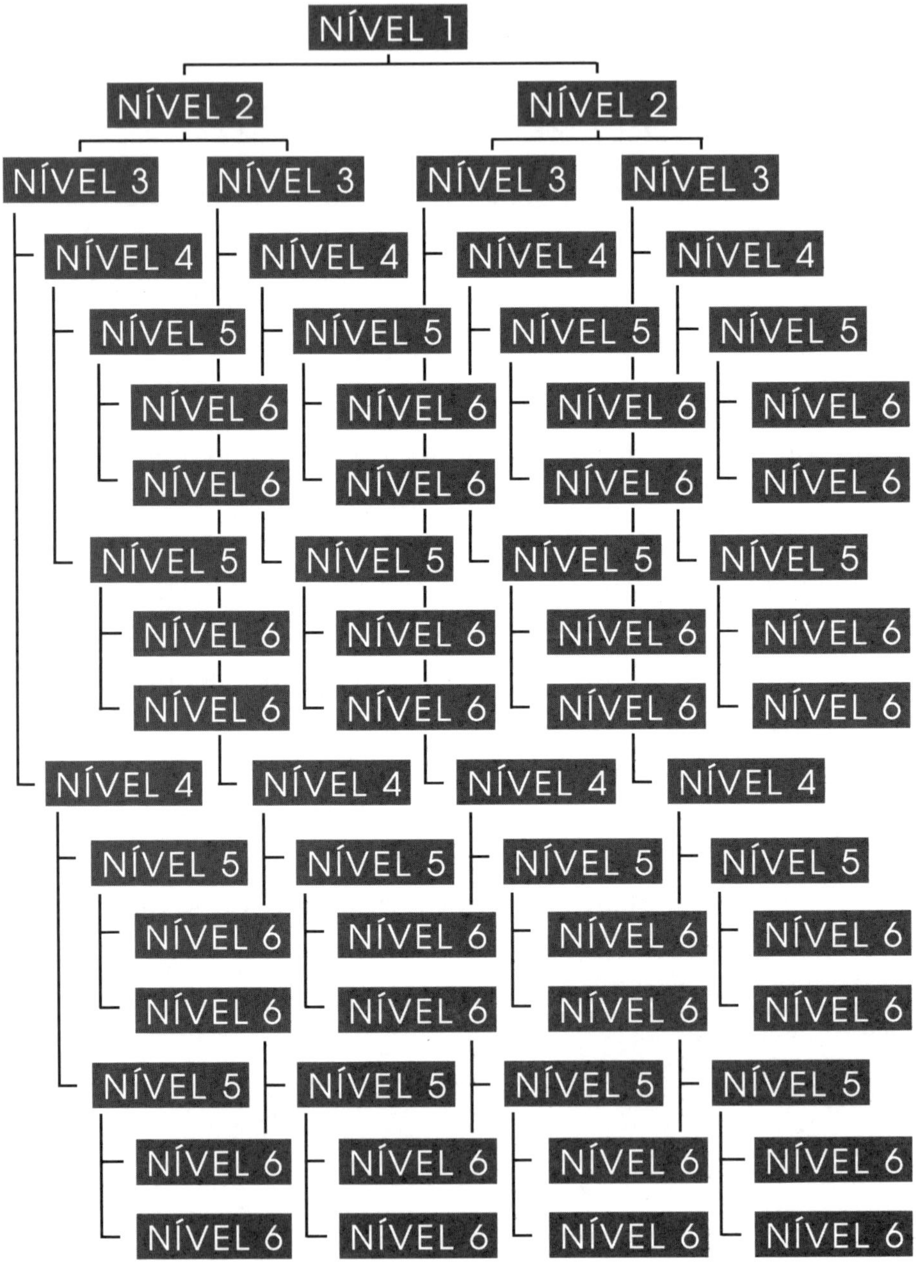

O organograma apresenta uma visão geral da empresa e de seus níveis hierárquicos, a fim de criar faixas de treinamento para a ferramenta atendimento, conforme a necessidade e a aproximação de cada nível em relação ao cliente.

O organograma 7.1 apresenta seis níveis hierárquicos:

- Nível 1 – Diretoria
- Nível 2 – Alta Gerência
- Nível 3 – Baixa Gerência
- Nível 4 – Vendedores Diretos
- Nível 5 – Vendedores Indiretos
- Nível 6 – Agentes de Interação

Os níveis hierárquicos podem ser classificados em três categorias:

- Nível estratégico: na alta cúpula, estão os responsáveis diretos pelas políticas da organização, os planos de ação e direcionamentos, validando ou não o desempenho da empresa perante as orientações, com liberdade total de ação e execução.
- Nível tático: a gerência da empresa executa as orientações do nível estratégico com o intuito de atingir os resultados preestabelecidos, com liberdade para algumas ações e atitudes que podem influenciar o direcionamento da organização.
- Nível operacional: o executor realiza normalmente de maneira repetitiva as tarefas a ele atribuídas, compondo a força braçal direta, no caso da indústria, e indireta, no comércio, sem liberdade para interferir nas decisões.

Assim, a ferramenta atendimento apresenta-se, para os diversos níveis hierárquicos, conforme as suas classificações:

- Nível 1 Diretoria – não há necessidade de realizar treinamentos de vendas focadas no atendimento, uma vez que nesse nível não ocorre contato com o cliente. Deve-se reforçar e estimular sua responsabilidade e consciência para a importância da força de vendas e do atendimento ao cliente.

- Nível 2 Alta Gerência – como a Diretoria, a Alta Gerência encontra-se no nível estratégico da organização e aqui o fator preponderante é conscientizar sobre a importância do setor de vendas e do atendimento ao cliente. Cabe-lhe definir o padrão de excelência que a empresa deve adotar no relacionamento com os clientes, estimular e monitorar o aprendizado dos níveis hierárquicos e não manter distância intransponível do ambiente de loja, serviço ou produto, para não provocar um deslocamento entre a realidade e o imaginário criativo do restrito ambiente estratégico.
- Nível 3 Baixa Gerência – os gerentes de loja ou unidade constituem a faixa tática da empresa, em contato direto com o consumidor, normalmente, em situações adversas, sendo acionados quando há quebra no procedimento-padrão de atendimento ao cliente, o que representa uma experiência desagradável no procedimento de compra.
- Nível 4 Vendedores Diretos – a faixa mais importante e de maior contato com o cliente. A ferramenta atendimento deve ser treinada, demonstrada e explicada à exaustão, pois a imagem do produto ou da empresa, o marketing, as ações promocionais, os descontos serão periféricos no momento em que o vendedor direto iniciar sua aproximação e executar o procedimento de atendimento ao cliente. O ápice da venda é o momento da compra, o ato final do consumidor em decidir pelo produto A ou B ou pela loja C ou D e o fechamento de um ciclo de esforços em busca de um único objetivo, a efetivação da venda. Nesse

momento, o vendedor e a ferramenta atendimento se tornam diferenciais potenciais entre as organizações de sucesso e as demais.

- Nível 5 Vendedores Indiretos – recebem o cliente já com a compra consumada e devem apenas manter o padrão de atendimento utilizado até então; são os atendentes do crediário, os caixas, os embaladores e carregadores, aos quais se deve dispensar atenção em relação a treinamento e entendimento da relação cliente-atendimento-loja, pois se eles já recebem o cliente com a compra consumada, dificilmente o mesmo cliente desfará a compra, mas um baixo padrão de atendimento nesse nível pode desfazer a sensação de felicidade do consumidor e prejudicar a imagem do produto, da compra ou da loja e o processo de fidelização do cliente.
- Nível 6 – Agentes de Interação – faxineiros, manobristas, seguranças, repositores, pessoas que, literalmente, não podem ajudar, mas devem estar preparadas para não atrapalhar o processo de venda. Os agentes de interação têm contato com o cliente antes e após a venda e devem ser treinados sobre informações básicas de localização interna da loja e dos produtos, educação mínima para relacionamento com o cliente, ou seja, devem estar preparados para responder a questões simples, como o local de determinado produto, banheiros, estacionamentos e gerência.

O organograma mostra a hierarquia e as divisões que o treinamento da ferramenta atendimento deve seguir dentro da empresa, pontuando e direcionando as melhores práticas e ações segundo o grau de necessidade dos níveis hierárquicos, em busca da excelência e do Atendimento de Sucesso.

PECADO CAPITAL: Aplicar um modelo único de treinamento da ferramenta atendimento sem diferenciação hierárquica.

PONTO ESSENCIAL: Conscientizar a empresa da importância do treinamento da ferramenta atendimento.

DIFERENCIAL: Tornar hábito, e não obrigação, atender sempre bem.

CAPÍTULO 8

DEPARTAMENTO DE VENDAS

O não é só o começo de uma negociação, não o final.
Kendall Lokhart

Uma objeção não é uma rejeição, é simplesmente o pedido de mais informação.
Bo Bennett

8.1 Estrutura de venda

Para um Atendimento de Sucesso, a empresa deve estruturar seu departamento de Vendas com um único foco: o cliente.

O planejamento estratégico é o macroambiente para o cliente, devendo orientar-se na criação de intimidade com o consumidor e ações que promovam sua participação direta, quando possível, ou suporte para que outro departamento o faça.

O departamento de Vendas é o microambiente para o atendimento de sucesso, onde o cliente passa a ter contato direto com o vendedor e, provavelmente, ficará mais tempo na loja e terá o maior número de experiências e trocas com a empresa.

A Figura 8.1 mostra a estrutura de vendas focada no cliente, em que todas as áreas de vendas convergem para o centro, onde está o consumidor. O departamento de Logística é um braço de vendas, pois, dependendo da venda, o cliente não leva o produto consigo, mas deve aguardar a entrega em casa, no caso dos eletrodomésticos. Quando isso ocorre, a rapidez e a cordialidade na entrega tornam-se, para o consumidor, uma extensão da sua experiência de compra.

Figura 8.1 - Estrutura de vendas focada no atendimento

Para um atendimento de sucesso, as equipes devem trabalhar coesas e unidas em torno de um único objetivo: a satisfação do cliente.

Gerência: a gerência deve atentar para a constante presença de um dos seus representantes dentro da loja, ora supervisionando e monitorando a distância o atendimento praticado pelos *players*, ora atuando de forma mais presente junto ao vendedor, dirimindo dúvidas, explicando posicionamentos e reforçando atenção nas falhas. Quando necessário, atuar diretamente com o consumidor, a fim de propiciar-lhe maior credibilidade e atenção.

Vendedor direto: deve manter-se presente a maior parte do tempo perante o consumidor, sem ser inconveniente, intervindo, quando solicitado, apto a solucionar todas as dúvidas referentes à compra, ao produto, à loja ou às condições de pagamento. O vendedor de sucesso não observa apenas a venda imediata, mas também a venda futura, procurando atender com solicitude e atenção os clientes curiosos, indecisos ou em início de processo de pesquisa.

Vendedor indireto: finaliza a operação de venda e, com o foco no cliente, conserva a postura cordial, alegre, solícita e prestativa que deve ter sido o padrão de atendimento do vendedor direto. É o responsável pelo fechamento da experiência de consumo do cliente em todas as operações de compra, com a responsabilidade de criar um desfecho à altura do enredo.

Agentes de interação: devem manter o foco nas suas atribuições principais, mas quando solicitados a participar do relacionamento direto com o cliente, atender, sem interromper o ciclo de experiências positivas do consumidor. Atuar de maneira simples, clara, rápida e direta, como um elemento indicador no processo de vendas e não condutor.

Logística: é um departamento único dentro da organização, ou seja, tem autonomia, *status* e gerenciamento próprio, assim como os departamentos de Marketing, Finanças, RH, Tecnologia da Informação, Produção, entre outros. Então, por que listá-lo como participante ativo do microambiente de vendas? No caso de volumes (tamanho) que inviabilizam o transporte imediato, como geladeira, fogão, sofá, armários, mesas, cadeiras e eletrônicos de grande porte, a entrega passa a fazer parte da experiência de compra do consumidor, e fatores como tempo de entrega, condições de recebimento do produto, tipo de transporte, educação, cordialidade e presteza dos entregadores tornam-se fundamentais para fechar o ciclo positivo de experiência e consumo daquele pedido. Nesse momento a Logística deve agir com cuidado especial em relação ao cliente e entender a sua importância dentro do processo de vendas.

Figura 8.2 - Pirâmide de contato e responsabilidades

8.2 Contato e responsabilidade em vendas

Dentro de um programa de treinamento em atendimento, devemos definir claramente o grau de contato e responsabilidade, para o conhecimento individual e consciência do papel de cada colaborador em relação ao cliente e à venda. Mapear com clareza o tipo de treinamento que os diversos níveis hierárquicos devem receber, além de personalizar a abordagem do treinamento em relação à exposição e responsabilidade de cada função.

A Figura 8.2 aponta de forma clara o nível de exposição e importância de cada função perante o cliente.

- **Agentes de interação:** respondem por 10% do total da responsabilidade, pois seu contato com o cliente é direto e pode ocorrer de diversas maneiras; quanto à responsabilidade, eles não têm grande relevância, uma vez que seu contato com o cliente é rápido e superficial.

- **Diretoria:** tem pouca participação, 10% de contato e responsabilidade em relação ao todo, mas cabe-lhe o aval e o incentivo de políticas e procedimentos que visam a melhorar o relacionamento da empresa com o cliente.

- **Vendedor indireto:** representa 15% do total do contato e responsabilidade em relação ao cliente, tendo certo grau de importância para a avaliação da experiência de venda, uma vez que sua responsabilidade é, pelo menos, manter o padrão do atendimento oferecido ao cliente até aquele momento.

- **Alta gerência:** responde por 15% da responsabilidade e contato, pois tem pouco contato direto com o cliente; em contrapartida, é responsável por criar e padronizar o estilo de atendimento da organização, além de incentivar, ensinar e monitorar as práticas da baixa gerência e do departamento de Vendas no tocante ao atendimento e satisfação do cliente.

- **Baixa gerência:** responsável direta por instituir, solicitar e fiscalizar políticas e procedimentos que satisfaçam ou facilitem o atendimento e a vida do cliente. Não é responsável pelo atendimento, mas deve manter contato direto e diário com os consumidores, para monitorar o padrão de atendimento e a satisfação do cliente. É responsável ainda por atender o cliente em situações de insatisfação, reclamação e descontentamento.

- **Vendedor direto:** a estrela do contato e da responsabilidade, com grau de importância de 30%, ou seja, só ele responde por quase o dobro de qualquer outro nível hierárquico. Essa importância e esse destaque devem-se ao contato constante no momento da venda. O vendedor direto é aquele que está mais exposto ao cliente, com quem este passa mais tempo dentro da loja, sendo o elo entre cliente e empresa. Assume perante o cliente a cara da empresa e a experiência de consumo grafada na memória do consumidor, em relação aos itens da venda, como produto, marca, loja e atendimento. Nenhuma venda ocorre sem o comprometimento e o empenho da equipe de vendas, mesmo que outras partes da organização se esforcem para o mesmo objetivo.

PECADO CAPITAL: Estruturar e executar o plano estratégico da empresa sem considerar o cliente como foco principal das ações.

PONTO ESSENCIAL: Adequar o treinamento e posicionamento de cada colaborador, segundo o seu grau de contato e responsabilidade em relação ao processo completo de vendas.

DIFERENCIAL: Não apenas criar uma "universidade" de teorias e cursos dentro da empresa, mas também estimular no dia a dia a aplicação de conceitos e experiências adquiridos no relacionamento com o cliente e a convivência no ambiente de vendas.

CAPÍTULO 9

TIPOS DE ATENDIMENTO

Existe uma série de tipos de atendimentos ao cliente, conforme a situação, presencial ou não; produto básico ou técnico, demonstração ou degustação; atendimento direto ou indireto, pós-atendimento ou pós-venda; via *web* (*on-line* e *off-line*), fone, fax, enfim, milhares de situações em que a diferença ocorre pela experiência positiva e satisfação propiciada pelo atendimento antes, durante e depois da compra do bem ou serviço.

Este estudo de caso aborda algumas situações que mostram como o atendimento pode impactar de forma negativa o seu negócio.

Caso 1 – Franquia de pizza

Um franqueado de uma famosa marca de pizzarias, estabelecido em uma rua de intenso tráfego, não atento aos detalhes de seu negócio, estabeleceu uma parceria/convênio com uma rede de estacionamentos, a qual trata de maneira desordenada, beirando o colapso, os veículos estacionados. Tal atendimento irritou um grupo de pessoas que se dirigiram ao gerente da pizzaria para formalizar uma reclamação.

O gerente da pizzaria, ou melhor, o gerente de uma loja de uma rede de pizzarias, respondeu:

– Desculpem, senhores, mas não posso fazer nada, o serviço de *valet* é terceirizado e não é nossa responsabilidade.

Assim, simplesmente virou as costas ao problema e retirou-se, deixando todos pasmos e indignados. Resultado: perda de dezenas de clientes naquela noite e aumento de multiplicadores da imagem negativa da pizzaria.

Avalie você mesmo quanto esse episódio de atendimento contribuiu para impactar a imagem da empresa, respondendo:

– Um serviço de *valet*, que pega seu carro na porta da pizzaria, em cujo luminoso está escrito Valet Pizzaria Xpto, refere-se a que estabelecimento?

– Terceirizado ou não, o serviço de manobrista é de responsabilidade da pizzaria?

– Se algum prestador de serviço da sua empresa comete um erro passível de reclamação, qual a sua postura?

– A negativa do gerente em solucionar o problema afeta mais a imagem do *valet* ou da pizzaria nacionalmente conhecida?

– Na mente do consumidor, o episódio negativo e sua repercussão são atribuídos ao serviço do manobrista ou à pizzaria?

Caso 2 – Marca de chocolates

A internet é uma ferramenta extraordinária em inúmeros aspectos, mas devem-se tomar cuidados especiais em sua utilização. Muitas empresas capricham na embalagem, no visual e na interatividade de apresentação de produtos e serviços e se esquecem de investir, detalhar e estabelecer parâmetros para coisas simples e óbvias, como as respostas às solicitações, sugestões e queixas dos serviços Fale Conosco.

Uma grande indústria de chocolates finos, com inúmeras franquias pelo País, apresenta um *site* de primeira linha com cores especiais, projeto visual impecável, estrutura de marketing definida e navegabilidade e interface amigáveis. Um exemplo de ferramenta de internet, não fosse o serviço Fale Conosco não responder as reclamações.

No *site* da empresa, foi contestada a qualidade (consistência e sabor) do recheio de um ovo de Páscoa, com o mesmo creme que outro famoso doce da empresa.

Resposta da empresa: nenhuma. Ignorou a reclamação.

Um dos erros das empresas é propagar que a opinião do cliente é importante e base para melhorias, visando a seu crescimento contínuo, porém, à primeira reclamação, ignoram os clientes, alegando que, principalmente na indústria alimentícia, espertalhões buscam extorquir regalias ou ofertas de produtos como desculpa pelas supostas falhas.

Em outro caso, o cliente questionou o departamento de Marketing quanto à criação de um produto (bombom), similar a outro *premium*, muito diferentes em qualidade, idênticos na proposta de recheio, similares na embalagem, porém, um mais barato que o outro devido à baixa qualidade dos ingredientes. O cliente perguntou, no *site* da empresa, se era necessário induzir o consumidor ao erro, na hora da compra do produto, ou se a política de combater produtos mais acessíveis e voltados a outras parcelas da sociedade não poderia se dar de maneira mais apropriada?

Resposta da empresa: nenhuma. Simplesmente ignorou a reclamação.

Avalie você mesmo se esse episódio de atendimento contribuiu para impactar a imagem da empresa:

– O que você espera de um atendimento do SAC de um *site*?

– Depois de uma experiência negativa e perda de tempo, escrevendo ou ligando para reclamar e não obtendo resposta, o que você pensa da empresa?

– Quando reclama de uma empresa ou produto, você visa a um benefício ou a colaborar com a melhora do atendimento e do produto?

– O que você pensa quanto a disponibilizar um serviço e ignorar o consumidor?

– Você estaria disposto a continuar consumindo o produto de uma empresa que fez pouco caso de sua reclamação?

Caso 3 – Rastreamento de produtos

Um dos serviços mais impressionantes colocados à disposição do consumidor, nos últimos anos, é o rastreamento dos produtos. Um exemplo simples: o serviço de entregas expressas de uma dezena de empresas no País. Ao deixar uma encomenda para ser entregue em outra cidade, estado ou país, o cliente recebe o número do protocolo, pelo qual, no *site* da empresa, pode localizar onde o produto está e quanto tempo aproximadamente falta para a chegada ao destino.

Entretanto, nem toda ferramenta sensacional em uma área de atuação o é em outra. A aplicação errada da ferramenta gera muito mais distúrbios, sobrecarga de controles e problemas do que soluções viáveis e necessárias ao negócio.

Um cliente comprou uma camiseta, pelo *site* de uma loja, que prometia a entrega no prazo máximo de dez dias úteis. A partir da compra, a sucessão de erros e falta de profissionalismo no atendimento foram notórias, envolvendo até a adaptação amadora da ferramenta de rastreamento no negócio, como mostram os *e-mails* da empresa, relatados aqui de maneira literal.

Primeiro e-mail de 16/7/08

Prezado João Ribas

Esta é uma confirmação da compra que realizou na empresa XPTO.

O pedido de número 9817:

Produto	Código	Quantidade	Preço Unitário	Total
Clássico	123789567	1	59	R$ 59,00
			Taxa de envio	R$ 9,99
			Desconto de 20% para compras por boleto	
			Valor Total	R$ 55,19

Método de pagamento escolhido: BOLETO Forma de entrega: SEDEX

*** Dados do consumidor: Nome: João Ribas Tel.: 12345678

*** Endereço de entrega: João Ribas   Avenida Paulista, 1787 ap. 49
CEP: 87654321 São Paulo SP

Confirmação de pedido perfeita, relatando todos os dados da compra, do cliente e local de entrega.

30 de setembro: vencimento do prazo de entrega da camiseta e início da reclamação pelo cliente

Segundo e-mail de 3/10/08

Bom dia, João!!!

Sua encomenda está no processo de *silk*, será postada no final do dia, um grande abraço.

Início do rastreamento desnecessário, porque o produto já está atrasado.

Terceiro e-mail de 9/10/08

Olá, sua camiseta está quase pronta. Agora ela será passada, dobrada, embalada e enviada para expedição.

Atenciosamente

Rastreamento: inútil e irritante para um cliente que já suporta dez dias de atraso na entrega do produto.

Quarto e-mail de 20/10/08

Bom dia, João!!!
Peço desculpa por esse atraso e esse transtorno todo, sua encomenda saiu para o correio agora e chegará à sua residência amanhã ok, mais uma vez peço desculpa por todo esse transtorno, um grande abraço,
Obrigada.

Depois de tanto rastreamento, uma informação conclusiva.

Quinto e-mail de 21/10/08

Boa noite, João!!!

Peço desculpa por todo esse transtorno, eu cuido da parte de produção da mercadoria e de envio o cadastro que você faz e para facilitar a sua compra, no caso da entrega, pedimos para o cliente preencher este campo, pois muitas vezes é presente e a pessoa que está comprando manda enviar para outro endereço e por este motivo não seguimos o endereço do cadastro,e enviei para o endereço que você preencheu, mas todo caso já fiz a alteração e já foi enviada ok, mais uma vez peço desculpa por todo esse transtorno,um forte abraço.

Depois de um rastreamento atrasado e inútil do processo de produção, a resposta final e o pedido de desculpas são confusos e não procedem, uma vez que, na confirmação do pedido no *e-mail* de 16/7/08, as informações estão claras, corretas e foram confirmadas pela própria empresa.

Sexto e-mail de 27/10/08

Boa tarde, João.

Dentro de alguns minutos te passo o número do rastreamento ok, desculpe por você passar por todo esse transtorno, um forte abraço.

Encomenda recebida em 29/10/08, ou seja, com trinta dias de atraso e uma série histórica de equívocos relacionados a um bom atendimento.

Avalie você mesmo quanto esse episódio de atendimento contribuiu para impactar a imagem da empresa, respondendo:

– Você realiza compras na internet e paga valores extras, referentes a taxas de entrega, por conforto, conveniência ou comodidade?

– Interessa a você saber se sua camisa está sendo passada, dobrada e embalada?

– O que importa em uma compra pela internet?

– A perda de tempo na troca de *e-mails* com reclamações vale a conveniência de não precisar ir à loja e comprar a camisa no ato?

– A perda de credibilidade da empresa se deu pela não entrega do produto no prazo ou pelo amadorismo do atendimento?

– Você estaria disposto a continuar a consumir um produto dessa empresa?

Esses são alguns exemplos reais de falhas graves de atendimento que acarretaram desgaste da marca e dos produtos a ela associados. Existe um sem-número de casos de falhas e negligência no atendimento ao cliente e cada um de nós poderia relatar inúmeras experiências negativas, causadas pelo descuido para com a ferramenta atendimento.

Mais do que histórias e casos, o importante é refletir o quanto pequenos desleixos, descuidos ou negligências podem afetar de forma direta e consistente a saúde financeira do seu negócio, pelo marketing negativo do boca a boca ou pela diminuição da predisposição de compra do consumidor.

PECADO CAPITAL: Desleixo, desatenção e descuido em relação ao atendimento ao cliente.

PONTO ESSENCIAL: Atentar que os detalhes podem passar despercebidos no acerto, mas irreparáveis no erro.

DIFERENCIAL: Atender com excelência em todos os canais de comunicação colocados à disposição do consumidor pela empresa.

CAPÍTULO 10

O ATENDIMENTO DE SUCESSO SEGMENTADO POR RAMO DE ATIVIDADE

O atendimento de sucesso é uma ferramenta aplicável e acessível a qualquer modalidade de negócio, ramo de atividade e porte da empresa, podendo ser mais perceptível e sensível ao consumidor em determinadas situações.

A segmentação por setores tem como objetivo demonstrar as dificuldades de aplicação do recurso e os erros mais frequentes em organizações que lidam diretamente com o consumidor. Um olhar atento a situações cotidianas enfrentadas por todos aponta falhas, correções e mudanças que podem revolucionar o atendimento. Em casos reais de atendimento surpreendente, vendedores com excelência acrescentam ao nome de suas funções o substantivo máximo: sucesso.

10.1 Turismo

O turismo é, hoje, uma das áreas de maior potencial de expansão de negócios no mundo. Estudo da Organização Mundial de Turismo – OMT estima que, até 2020, o número de turistas supere a marca de 1,5 bilhão de pessoas que gerarão receitas em torno de US$ 2 trilhões por ano, tornando a indústria do turismo a maior do planeta.

O Brasil, segundo dados da OMT (2006), ocupa a modesta posição de trigésimo sexto no ranking, com 5,1 milhões de visitantes, o que representa um enorme potencial de turismo e, também, nossa incapacidade e falta de estrutura para atrair o turista estrangeiro.

O atendimento de sucesso deveria ser prioridade para qualquer empresário do setor, mas, infelizmente, o turismo nacional peca pelo amadorismo dos funcionários e pela falta de empresários dispostos a agir de forma estruturada e profissional.

Na atribulada vida cotidiana moderna, pouco espaço é reservado ou possível para o merecido descanso. Na praia, no campo ou na montanha, o único desejo do consumidor é sentir-se Vip. Desfrutar, gastar, gastar e gastar com satisfação, sem preocupação com horários, confusões e, até mesmo, com o valor dos bens e serviços. Basta um atendimento de excelência, um atendimento completo, a serviço do cliente 100% do tempo; enfim, o verdadeiro atendimento de sucesso.

10.1.1 Estilo de vida

Mais uma vez a caótica e estressante vida na cidade leva muitas pessoas a fazer aquilo que outras sempre sonharam e provavelmente passarão o resto da vida sonhando: arrumar as malas e morar com os pés na areia ou em meio a uma paisagem rural deslumbrante.

Nada de mal e nossas reverências a essas pessoas que tiveram a coragem de mudar suas vidas. O problema começa quando parte da mudança do estilo de vida está diretamente relacionado a um novo negócio no sonhado paraíso. Pousadas, restaurantes, bares, lojas e quiosques de praias são erguidos, administrados e conduzidos por indivíduos que deram um basta à loucura da cidade e, de forma arbitrária e sem aviso prévio, impõem seu novo ritmo de vida aos clientes por um atendimento relapso e extremamente vagaroso.

No negócio do turismo, o consumidor é o ator principal no teatro do consumo e os demais, meros coadjuvantes a serviço desse astro. As pessoas têm o direito de mudar de vida e buscar paz, felicidade e tranquilidade, onde bem entendam, mas jamais infligir ao cliente a inversão de valores, exigindo que compreenda a sua mudança de estilo de vida e respeite suas vontades e o ritmo moroso no atendimento. Afinal, quem está de férias?

Parte do amadorismo no turismo advem da presunção e soberba da parcela dos empresários que julgam que o cliente deve se adaptar ao meio e, se uma vez não está satisfeito, este deve procurar outro lugar de seu agrado, ou seja, nesse tipo de impasse o problema é sempre do turista que exige demais e não compreende as razões de um serviço displicente.

Todo empresário tem o direito de montar e organizar seu negócio e vender produtos e serviços personalizados ou de acordo com sua filosofia. Para isso, deve deixar bem claro ao consumidor as normas e regras que regem sua estada ou compra.

Em uma pousada em que estive anos atrás, a dieta era ovolactovegetariana, ou seja, todas as refeições eram vegetarianas ou à base de derivados de ovo e leite. Uma filosofia dessas pode surpreender muitos turistas; por isso, é obrigação do estabelecimento, em todas as etapas do processo, do primeiro contato até a reserva e confirmação do pagamento, deixar o cliente plenamente ciente da situação.

Uma vida calma e um atendimento tranquilo, um estilo de vida alternativo e a satisfação do cliente podem coexistir no mesmo espaço e no mesmo negócio, para o que é essencial a lisura e a transparência do estabelecimento. Um caso de sucesso de uma filosofia não padrão é o movimento Slow.

10.1.2 Modelo Slow de Negócio

O movimento Slow é a multiplicação e diversificação do movimento Slow Food, criado pelo italiano Carlo Petrini, em 1986, com o objetivo de aquilatar alimentos e cultuar o prazer de comer bem.

O Slow Food é a antítese do *fast-food*, em que a rapidez não exerce influência direta na qualidade e no contexto do produto. Itens como procedência do alimento, sua relação com o meio ambiente, o prazer de degustar, o respeito aos trabalhadores envolvidos na cadeia produtiva e a tranquilidade do consumidor para desfrutar plenamente o produto são preocupações fundamentais que devem ser atendidas para cumprir plenamente a filosofia da marca.

O Slow Food ganha espaço cada vez mais no dia a dia de muitos estabelecimentos, com mais de 100 mil sócios em mais de 130 países e sua forma de atuar e filosofia inspiram a criação de variantes ao movimento, como o Slow Città, Slow Money, Slow Manager e o Slow Life.

Todo estabelecimento que pretende oferecer produtos de qualidade com um diferencial e uma proposta de responsabilidade com fatores ligados ao meio ambiente, ao prazer e à qualidade de vida dos clientes, funcionários e até dos proprietários deve hastear a bandeira do movimento Slow, adequando o serviço à expectativa do consumidor.

PECADO CAPITAL: Pressupor que o cliente deve se adaptar às suas regras e não o inverso.

PONTO ESSENCIAL: Tratar o negócio turismo com profissionalismo e transparência.

DIFERENCIAL: Atender à expectativa do cliente pela rapidez no atendimento ou um diferencial e informá-lo previamente sobre as normas e regras.

10.2 – Atendimento no Call Center*

Um dos pontos mais delicados no atendimento das empresas e recordista em reclamações por parte dos consumidores é o serviço de atendimento telefônico, mais conhecido como Call Center ou SAC.

Demora ou não atendimento das ligações, sistema sobrecarregado e *softwares* ineficientes, mas, sobretudo, a falta de treinamento, a impaciência, o baixo conhecimento técnico, o despreparo e a intolerância são

* Paulo Chebel é especialista em direção de empresas e diretor da Paumer Consultoria e Tecnologia da Informação

as reclamações mais recorrentes em relação ao atendimento prestado pelos SACs.

Via de acesso fácil, o Call Center é um dos principais canais diretos de comunicação entre empresa e cliente, que pode sugerir, acessar serviços, comprar produtos e efetuar as reclamações que julgue pertinentes ao produto ou à empresa.

São poucas as organizações que prestam um serviço de atendimento telefônico de qualidade. Na maioria dos casos, dificultam o acesso do cliente às áreas de interesse, como reclamação e cancelamento de produtos ou serviços, além de gastar o precioso tempo dos clientes testando sua paciência na tentativa de vender, apresentar novos produtos ou promoções a cada ligação, logo no início do atendimento.

10.2.1 Estrutura do serviço de atendimento telefônico

O SAC é uma área crítica para as empresas, seu cartão de visitas. Na maioria das vezes, o cliente liga para reclamar ou solicitar serviços adicionais. Um em um milhão liga para elogiar, pois, o que está funcionando não requer atenção, mas o que não atende às expectativas gera insatisfação automática e motiva a ligação para o SAC. A infraestrutura do SAC conta com uma central telefônica para recepcionar as ligações, identificando o tipo de produto pelo número discado. Em caso de empresas, como Atento e Contax, que prestam serviços de SAC a outras empresas, pela identificação do número discado a ligação é direcionada para o atendimento eletrônico do cliente. A URA – Unidade de Resposta Audível – é o famoso menu eletrônico que todo consumidor encontra antes de falar, ou melhor, tentar falar com um atendente. A árvore da URA, construída pela área de Marketing, contém o menu no qual o consumidor seleciona o item desejado. Como exemplo, para cartão de créditos os principais itens são: Saldo da Fatura em Aberto, Taxa de Conversão de Moedas, Perda ou Roubo de Cartão, Contratação de Aumento de Limite, Seguros, Pontuação, etc. e, no final da lista, "Falar com um Atendente". O atendimento eletrônico é mais barato do que o atendimento humano e não é passível de erros, pois o cliente só pode escolher entre os itens disponíveis. Para cada item escolhido, a URA aciona o segundo nível de menu da empresa para interagir com o cliente. No final das opções, a URA direciona o cliente, ou melhor, a ligação, para o programa escolhido, fora da URA, encerrando sua participação, e o programa acionado assume por completo a ligação. Se a opção teclada é *Seguros,* a URA aciona o sistema de seguros da empresa, que atenderá a necessidade do cliente dentro de um leque de opções, além de oferecer produtos associados, considerando o perfil do cliente.

Em julho de 2008, uma regulamentação obriga os SACs a atender os clientes em um determinado tempo e incluir no menu principal a opção "Falar com um Atendente". O atendente tem autonomia para cancelar o produto, se for o desejo do cliente, pois o item que está no topo da lista de reclamações dos clientes é não poder cancelar o produto com o primeiro atendente.

Esse fato ocorre não por mau atendimento, mas por retenção, uma estratégia da empresa. Nenhuma empresa deseja perder seus clientes e faz o máximo possível para evitar o cancelamento do produto ou serviço. Se o atendente não pudesse cancelar o produto ou serviço e tivesse que transferir a ligação à área de retenção, grupo treinado para revender o produto ou serviço apresentando ao cliente todos os benefícios, descontos e vantagens, talvez a empresa conseguisse convencer o cliente a manter a conta ou produto. Por muito tempo essa estratégia funcionou, mesmo porque, muitas vezes, o tempo de espera entre um atendente e outro era tão longo que o cliente desistia.

Quando o cliente deixa o menu eletrônico, entra em cena o SAC humano, um atendente que irá falar com o cliente, tentar entender as suas necessidades e resolver a situação. Os sistemas mais avançados, antes de encaminhar o cliente para o atendente, solicitam o número da conta ou identificação do cliente, pesquisam seus dados no banco de dados central para, só depois, passarem ao atendente a ligação, juntamente com a tela com os dados atualizados do cliente. Assim, o atendente recebe simultaneamente o cliente na linha telefônica e os dados, na tela do computador, o que possibilita mais agilidade para o atendente, diminuindo o tempo de atendimento e falhas na digitação. Como exemplo, para um cartão internacional emitido fora do País, o sistema direciona para um atendente que fale inglês. Se o inglês não for um idioma comum, o cliente será redirecionado para outro atendente.

Cada grupo de atendentes tem uma característica, o *skill*. Falar mais de uma língua é um *skill*. Quem fala somente o português não pode atender clientes com cartão emitido no exterior. Treinamento de retenção de clientes e conhecimento de serviços dos produtos são outros *skills* (ex.: seguro internacional, pontuação, resgate de pontuação, etc.).

Para atender as ligações do SAC, é necessário um sistema de recebimento de ligações que permita múltiplas entradas simultâneas, um *link*[2] com os sistemas da empresa emissora do produto/serviço, que também permita múltiplos acessos simultâneos, uma URA – um aparelho com *software* próprio para essa finalidade – e várias estações de trabalho equipadas com uma linha telefônica ou (VoIP[3]), um computador com placas de conectividade com os sistemas centrais, normalmente em alta plataforma, que são os computadores centrais denominados Mainframe – e principalmente um atendente treinado para recepcionar o cliente que normalmente pede ou reclama de algo.

10.2.2 Seleção e treinamento

O Call Center sem sistema não funciona, mas sua peça fundamental não é o sistema, mas o atendente. Ser atendido é o primeiro passo e isso depende de sistemas, mas é o atendimento que gera satisfação ou

---

2 Link – conexão entre um sistema de computador e outro.

3 VoIP – Voice over Internet Protocol – envio de dados e voz na mesma conexão.

insatisfação. É importante diferenciar a satisfação do cliente com o problema ou motivo gerador da ligação da satisfação com a qualidade do atendimento. O atendimento poderá ser cortês, dentro de um tempo aceitável, com um tom de "quero ajudar", mas, no final da ligação, não ter solucionado o problema. É por isso que as centrais de atendimento têm uma área de monitoramento que seleciona e escuta as ligações aleatoriamente por atendente, para validar o atendimento, em vários quesitos, entre eles, conhecimento sobre os produtos, oportunidades de vendas cruzadas ("Cross Sell"), tratamento do cliente, tempo do atendimento, etc. A utilização de telas só ocorre nos SACs mais atualizados em que o sistema grava som e imagem, permitindo ao monitor escutar a ligação e acompanhar a navegação durante o atendimento nos sistemas disponíveis. O resultado da monitoria aponta a necessidade de treinamento e acompanhamento do desempenho dos atendentes.

O processo de seleção e treinamento operacional do atendente pode levar de três a seis meses. Isso quer dizer que a empresa tem um investimento de aproximadamente seis meses, antes que possa disponibilizar um novo atendente no SAC. O processo pode ser mais demorado, dependendo da complexidade do produto e do tipo de SAC. O treinamento para atendentes do SAC receptivo é menor que de atendentes de Televendas, ou SAC Ativo – que faz a ligação. O treinamento mais demorado é dos agentes de cobrança, que requerem um perfil de negociação e pessoas que não se envolvam com os problemas pessoais para executar cobranças e fechar acordos.

Um dos grandes problemas dos SACs é o "*turnover*"[4], o tempo em que o atendente fica na empresa. Por que um problema? O estresse da atividade e regulamentação, que restringe o tempo de atuação para 6 horas/dia com folgas de dez minutos a cada hora, associado aos baixos salários, traz para o atendimento um público jovem que pretende somente financiar seus estudos e procurar outras oportunidades, quando

4 Turnover – período de permanência de um funcionário na empresa.

estiver com o diploma na mão. Nas grandes empresas, os jovens entram no SAC após aproximadamente seis meses de treinamento e ficam por volta de dois anos. Por essa razão, as empresas investem muito na escolha, treinamento e programas de satisfação dos atendentes, para aumentar seu tempo no emprego.

Algumas regras desenvolvidas pelos SACs e pelo próprio mercado ajudam as empresas a sobreviver. Por exemplo, para cada 10 atendentes é necessário um supervisor. Os atendentes trabalham em turnos e a maioria dos SACs são 24 por 7 – 24 horas por dia e 7 dias por semana. O supervisor trabalha na gestão dos atendentes, carga horária, horário extra de atendimento (máximo de duas horas por dia) e escala para os finais de semana e feriados, devendo conhecer os produtos e serviços das empresas-clientes, para sanar dúvidas durante os atendimentos e falar com o cliente, quando a situação o exigir. O supervisor utiliza o resultado da monitoria para a avaliação dos atendentes, a fim de melhorar seu desempenho e garantir que tenham conhecimento total do produto, as telas para as navegações nos sistemas para atender às solicitações do cliente/consumidor.

A avaliação vem de duas fontes: a) o supervisor, ele mesmo, vê, escuta e faz um cruzamento entre o volume e tempo de atendimento para saber quem atende melhor e mais rápido e b) via monitoria, procura entender o que um faz diferente do outro, para um atendimento melhor e mais eficaz.

10.2.3 Call Center e gestão da qualidade

O Decreto Federal 6.523, de 31 de julho de 2008, obriga todas as empresas, de qualquer ramo ou atividade, que tenham serviço de atendimento ao cliente, a disponibilizar uma central de atendimento gratuita (o cliente não paga pela ligação para reclamar ou reivindicar seus direitos). A opção de contato com o atendente no primeiro menu eletrônico torna-se obrigatória e, em casos de reclamação ou cancelamento de serviços, o SAC deve transferir imediatamente ao setor responsável, em até sessenta segundos, cabendo a todos os atendentes executar essas funções.

A pergunta que fica com a nova lei é como funciona o sistema de gestão da qualidade de empresas que necessitam de um decreto para um atendimento minimamente decente a seus clientes?

A gestão da qualidade é mais um modismo, um selo criado para enfeitar o currículo de boa governança corporativa das empresas, ou uma ferramenta em prol dos consumidores?

O decreto dá uma oportunidade às empresas realmente comprometidas com as mudanças no atendimento via call center e não com a maquiagem de procedimentos, a fim de minimamente se adequarem às novas normas.

Essa necessidade de mudança poderá incentivar as empresas a reavaliar seus processos operacionais, realizando mapeamento das atividades e detalhando como são executadas, visando à identificação de falhas no processo, no sistema, nas pessoas ou na gestão.

Tal reestruturação leva a sensíveis reduções de custos e melhora significativa no atendimento.

Apesar de ter sido necessária uma lei, nunca é tarde para as empresas iniciarem um movimento de melhora nos seus processos e utilizarem o atendimento ao cliente como diferencial competitivo na hora da venda.

O atendimento de sucesso passa pela capacidade da empresa em ouvir e atender com excelência todos os clientes, em todos os canais disponíveis e não apenas face a face com o consumidor na loja.

10.2.4 SAC de sucesso

Podemos entender como oportunidades de sucesso do Call Center o tempo de espera e a cordialidade no atendimento, conhecimento do atendente sobre o produto/serviço, forma de tratar o problema e chegar a uma solução que não gere despesa para a empresa e satisfaça o cliente. Para que isso aconteça, três fatores precisam estar presentes: Tecnologia, Pessoas e Processos.

A tecnologia é o ponto inicial do SAC, pois a ligação chega à empresa, é tratada pela URA e direcionada para uma posição de atendimento (PA) onde um atendente trata diretamente com o cliente/consumidor. O sistema direciona a ligação para um atendente livre que tenha o perfil para atender o cliente, identificado no início da ligação pelo número do telefone, código do cliente, número do cartão de crédito, CPF, etc.

Outro elemento, importantíssimo, são as pessoas. Conhecimento é a parte mais fácil do treinamento. Atitude é a parte delicada. A forma de atender é que faz a diferença para o sucesso. Algumas empresas, consideradas referência de mercado, afirmam que o cliente/consumidor precisa sentir, pela voz do atendente, que este está contente em atendê-lo. Uma afirmação simples, mas muito complexa na execução e mais difícil ainda de ocorrer em processos de seleção e treinamento. Nas empresas especializadas em atendimento, o treinamento dita as regras da operação. Entenda por treinamento o treinamento inicial e a reciclagem, quase obrigatória, pois os produtos e serviços mudam de acordo com as necessidades do mercado.

O terceiro elemento são os processos operacionais. Em um SAC tudo tem um *script* ou roteiro literal a cada situação.

De manhã, fale: Bom dia, Sr(a)! (nome do cliente) Como posso ajudar?

À tarde: Boa tarde, Sr(a)! (nome do cliente) Como posso ajudar?

À noite: Boa noite, Sr(a)! (nome do cliente) Como posso ajudar?

O *script* muda de empresa para empresa, incluindo o nome do atendente, nome da empresa, etc. Cada empresa cria o seu *script* para refletir a sua identidade. O importante é ressaltar que os processos operacionais, na visão SAC, iniciam quando a ligação chega ao atendente e passa pelas causas das ligações (definidas historicamente para produtos já existentes), detalhando cada motivo de ligação, o sistema que contém as informações necessárias para validar a identidade do cliente, as telas a serem consultadas, incluindo e detalhando os campos a serem validados. O processo detalha cada etapa em atividades, o que tem de ser feito, e tarefas, como deve ser feito um procedimento detalhado ou *checklist* a ser seguido à risca.

Quando o *script* é elaborado com muita atenção e validado antes de ir para a produção, o cliente percebe que está sendo bem atendido, pois, para cada indagação, há um roteiro pronto para ser respondido, demonstrando conhecimento do produto e sua forma de funcionar, passando ao cliente que o atendente sabe o que está falando. O atendente consegue apresentar a situação ao cliente para que entenda como funciona a empresa e se os argumentos são válidos ou não para resolver o problema/questionamento. Essa percepção, difícil de ser medida e quantificada, gera a satisfação do cliente. Historicamente, as empresas reconhecidas como referência de mercado utilizam-se destes três fatores: Tecnologia, Pessoas e Processos.

10.2.5 Funcionamento do SAC

Em 2005, foi realizada uma pesquisa com as maiores empresas de SAC, aptas a concorrer a uma licitação de compra de um Call Center de aproximadamente três mil pessoas, a fim de identificar seus fatores motivacionais. Uma das empresas descobriu que precisava manter seus atendentes por pelo menos dois anos para justificar o treinamento e ter um preço de mercado competitivo. Para satisfazer essa necessidade, a empresa fez uma parceria com uma Organização Não Governamental - ONG, instituição sem fins lucrativos.

Um treinamento de vendas, de quarenta horas, a ser ministrado gratuitamente para a população local, foi uma forma de selecionar as pessoas que tinham jeito para atuar com o público pessoalmente ou via telefone.

O que a empresa ganhou com esse treinamento gratuito?

O direito de escolher da lista de participantes os melhores e oferecer uma oportunidade de trabalho, terceirizando a área de seleção e o treinamento inicial, com um custo baixo.

O que a população e comércio local ganharam com isso?

Uma qualificação melhor dos profissionais que não foram aproveitados pela empresa de atendimento ao cliente, mas que podiam utilizar o aprendizado no comércio local.

Para diminuir o *turnover* firmou-se uma parceria com uma faculdade para ministrar, nas dependências da empresa, um curso superior de dois anos para os funcionários em forma de bolsa de estudo. Isso despertou nos jovens um desejo imenso de terminar o ensino médio e ingressar na empresa como atendentes para financiar o início do estudo superior.

Tal receita de sucesso possibilitou à empresa diminuir o *turnover*, aumentar a fidelidade e satisfação dos clientes internos (os colaboradores) e, por consequência, a satisfação dos clientes externos. Como toda ação provoca uma reação, a empresa foi obrigada a investir no treinamento da gestão para poder lidar com a nova população de colaboradores com mais instrução, com desejos de crescer e galgar cargos mais altos. Enfim, a empresa gerou uma espiral positiva, onde todos ganharam: empresa, colaboradores, gestão e, principalmente, o cliente – que paga a conta, mas, neste caso, contente em pagar a conta de um atendimento de sucesso.

PECADO CAPITAL: Achar que a tecnologia é mais importante ou que substitua o atendimento humano.

PONTO ESSENCIAL: Investir em treinamento e qualificação do pessoal.

DIFERENCIAL: Plano de carreira, gratificações, treinamento, investimento em educação, ou seja, ações que retenham o profissional e diminuam o *turnover*.

10.3 Mídia

A mídia tem sido, ao longo do tempo, um dos canais mais importantes de comunicação com o cliente, além de ferramenta auxiliar no complexo mundo das vendas e via de acesso rápido à venda de sucesso.

A exposição de uma marca, produto ou serviço nos veículos de comunicação, falados, impressos ou eletrônicos (TV, internet) é, na maioria dos casos, certeza de retorno e contato certo com o consumidor final.

Em qualquer campanha de promoção ou exposição de uma empresa, marca ou produto, planejar, projetar, raciocinar e executar a mídia é uma empreitada importante e intrincada, exigindo profissionais preparados e especializados, aptos a lidar com as mais diversas possibilidades de comunicação e suas exponenciais maneiras de utilização.

Como qualquer outra empresa, a mídia tem a necessidade de atender seu público consumidor, a fim de auferir ganhos e lucros com o resultado.

A principal característica que difere a mídia de empresas tradicionais é a necessidade de "vender" seu produto para dois públicos distintos com necessidades díspares entre si: a mídia impressa, os leitores; a mídia falada, os ouvintes; a mídia televisiva, os espectadores e a internet, os internautas. Como as receitas financeiras advêm das empresas anunciantes, a empresa de mídia deve vender os espaços publicitários não aos consumidores finais, mas a empresas interessadas em atingir o consumidor final, expondo sua marca, seus produtos ou serviços.

A mídia constrói um produto para agradar e encantar um consumidor, para, com a audiência e o interesse desse público em "consumir" sua programação, potencializar e facilitar suas vendas de espaço publicitário, sua fonte real de sustento.

10.3.1 Case *Hardcore* *

A revista *Hardcore* foi uma das pioneiras entre as revistas brasileiras de surfe. Na época de sua criação, o surfe como mercado ainda era incipiente no Brasil. Havia um grande apelo do esporte junto ao público jovem, embora o estilo de vida agregado e seus adeptos ainda fossem alvo de preconceitos e desconfiança. Apesar das dificuldades iniciais, a revista se

5 *Eduardo Câmara é diretor comercial da revista *Hardcore*.

consolidou e contribuiu enormemente para o desenvolvimento do segmento em termos de número de praticantes, investimentos, profissionalização, industrialização e globalização do setor nos últimos vinte anos. Para alcançar seu atual posicionamento de mercado, a revista aperfeiçoou-se, buscou sempre a vanguarda da tecnologia do setor editorial, a otimização de recursos e o questionamento constante dos paradigmas, apesar das dificuldades surgidas ao longo de sua história.

10.3.1.1 Histórico

A revista *Hardcore* surge, com abrangência regional, em 1989, em São Paulo, como um tabloide de surfe. A partir de abril do ano seguinte, assume o formato-padrão das revistas. Em 1991, o primeiro reconhecimento externo da qualidade do trabalho e o prêmio de melhor cobertura do Circuito Mundial da ASP - Associação dos Surfistas Profissionais.

Visando a fomentar discussões e aperfeiçoar a qualidade técnica do conteúdo, em 1992, a *Hardcore* incorpora nomes de peso do cenário brasileiro do surfe ao seu time de colunistas. Picuruta Salazar, Taiu, Dadá Figueiredo e David Husadel.

Em 1997, a revista atinge a centésima edição e, em 1999, estreia seu *site*, o primeiro do segmento no País.

Em 2001, uma parceria com a Editora Escala torna a revista *Hardcore* a maior da América Latina e garante, em 2004, o quarto título consecutivo de melhor cobertura do Circuito de Surf Profissional Brasileiro.

A partir de 2006, a internet como fonte de informação acelera-se fortemente, fazendo com que os veículos impressos tenham que repensar seus posicionamentos e formatos de distribuição, uma vez que a gratuidade e a velocidade de atualização do conteúdo na "rede" impõem pesados desafios a todos os editores do planeta.

Após um período de adaptações e grandes mudanças no mercado editorial brasileiro e mundial, as revistas passaram a aprofundar seus conteúdos, diferenciando-os do formato "instantâneo" que a *web* exige.

No caso específico do surfe, campeonatos e eventos diversos passaram a ser transmitidos ao vivo, por *sites* especializados, tornando totalmente obsoletos e desnecessários esses tipos de pautas nas revistas especializadas.

Nesse contexto, a *Hardcore* buscou focar seu conteúdo em pautas comportamentais e, especialmente, nas viagens para destinos pouco explorados, sempre em busca de ondas e condições de surfe de alta qualidade e performance. O objetivo é trazer material exclusivo, de grande apelo e valor para seus leitores, apresentando-o de forma diferenciada, com grandes imagens e textos inéditos.

O surfe nacional caminha lado a lado com a evolução da revista e as histórias e glórias de ambas se confundem em uma só em muitos capítulos.

10.3.1.2 Internet

A internet apresenta como principais características a abrangência incomparável, a grande velocidade na atualização e a gratuidade de seu conteúdo, a instantaneidade de interação com o usuário e a facilidade de publicação de toda e qualquer informação para todo o mundo.

A mídia impressa (especialmente) vem sofrendo pesadas perdas aparentemente creditadas ao crescimento da internet como mídia.

Entretanto, uma análise mais aprofundada mostra que os veículos impressos continuarão tendo seus atrativos, desde que modifiquem suas abordagens, diferenciando-as do superficialismo e volatilidade da internet.

Acredito que os jornais estão sofrendo muito mais que as revistas, pois são muito baseados na informação dos acontecimentos cotidianos. Nesse campo é impossível competir com a internet, assim como o era em relação ao rádio e à televisão. Como a situação anterior não colocava em risco a existência do jornal impresso, uma vez que existe longa coexistência entre rádio, TV e jornal?

A resposta está nos custos de produção. O jornal permite o grande aprofundamento dos temas e assuntos, pois o tempo de exposição do assunto depende exclusivamente do tempo dispensado pelo leitor. Já no rádio e na TV, tempo é dinheiro. A informação deve ser transmitida de forma sucinta e rápida, sem tempo para grandes aprofundamentos, uma vez que o tempo nessas mídias custa extremamente caro.

No caso da internet, o controle do tempo de exposição da informação também pertence ao leitor ou usuário, assim como no jornal, apenas com a diferença de que, por enquanto, na internet a informação é acessada gratuitamente.

Ocorre que invariavelmente o conteúdo de qualidade na *web* está sob o guarda-chuva dos grandes ícones da informação, como *sites* de jornais, canais de TV, revistas e até mesmo de rádios.

Ainda hoje, quem banca a disponibilidade gratuita de conteúdo na *web* são as "velhas" mídias, empresas de jornalismo tradicionais e que construíram suas marcas calcadas em credibilidade, ao longo de muitos anos.

Você confia nas informações que encontra no blog do Zé Ninguém?

Assim, acredito que a *web* terá a nobre função de agregar serviços e interatividade às demais mídias, complementando suas características.

As marcas que hoje são referências jornalísticas em qualquer plataforma (impressa, rádio, TV) terão que ampliar suas atuações a fim de aprenderem a propagar seus conteúdos nas diversas formas de mídia, ou seja, deverão transformar-se em multimídias.

Por exemplo, a internet proporciona que uma revista produza e propague, por meio de seu *site*, conteúdo sob a forma de vídeos, textos e imagens ou apenas por sons.

Portanto, a mídia impressa deverá concentrar pautas de grande profundidade e plasticidade, que transmitam conhecimento e CONTEÚDO conceitual, jogando para a *web* as informações de interesse momentâneo e de caráter efêmero.

Aplicando essas tendências à revista *Hardcore*, as pautas direcionadas à versão impressa serão aquelas de aspecto atemporal, como viagens, matérias analíticas sobre a performance de um determinado surfista, matérias comportamentais e conceituais, deixando para o *site* as coberturas de eventos e campeonatos, a publicação de grandes quantidades de fotos que não tiveram qualificação para publicação na revista e outras notícias de menor peso, além de vídeos e outros conteúdos multimídia.

Podemos dizer que o *site* informa em tempo real quem foi o surfista vencedor do campeonato e a revista impressa traz a análise de todos os aspectos da carreira que fizeram com que o surfista ganhasse aquele evento.

10.3.1.3 Consumidor da revista

A *Hardcore* é pensada, idealizada e produzida para ser lida por surfistas praticantes ou por aficcionados do esporte.

Como as publicações sobre futebol, cujos leitores não são obrigatoriamente jogadores, as revistas de surfe também são vendidas em cidades localizadas a milhares de quilômetros da praia.

São leitores que se identificam com determinados ícones do esporte e que, na maioria das vezes, adotam o *life style* do surfe, manifestado nas roupas que vestem, no vocabulário, no tipo de música que ouvem e em muitos outros hábitos que fazem parte de seu cotidiano.

A revista leva a esses leitores o que existe de mais vanguardista em termos de surfe no Brasil e no mundo, passando pelas localidades onde existem as melhores ondas e condições para a prática do surfe no mundo, até o detalhamento dos equipamentos, da moda *surfwear* e tudo o mais que cerca o universo do surfista.

Ao ler uma edição da *Hardcore*, desejamos que o leitor tenha seu imaginário transportado para dentro d'água, sendo capaz de aproximar-se o máximo possível das situações experimentadas pelos surfistas em pauta nas matérias. Queremos que o leitor sinta-se instigado a fechar a revista, pegar sua prancha e entrar no mar, buscando sentir verdadeiramente as sensações que só o surfe pode proporcionar.

Procuramos fazer com que nossos leitores tenham acesso à revista onde quer que esteja. A revista é vendida em bancas de jornais, revistarias e lojas especializadas de todo o Brasil. Um canal aberto com os leitores, parte do conteúdo da revista e algumas matérias inéditas também estão disponíveis no *site* www.hardcore.com.br.

10.3.1.4 Anunciantes

Como o surfe é um esporte e estilo de vida de forte apelo junto ao público jovem, os veículos de mídia especializados são fortes ferramentas de comunicação junto a esse *target.*

Associar marcas ao surfe contribui fortemente para seus posicionamentos mercadológicos ligados a valores altamente positivos:

- o surfe é plasticamente bonito, ligado ao mar e à natureza;
- o surfe é ecológico. Surfistas preservam praias e mares;
- o surfe é saudável. Surfistas são atletas e fisicamente bem dotados;
- o surfe sempre foi globalizado. Surfistas são facilmente identificados no Brasil, no Japão, na Indonésia ou na França pela forma de vestir-se e de ser.
- o surfe não tem preconceitos. Pobres e ricos são iguais perante o mar.
- o surfe é praticado na praia, ambiente sensual, com gente bonita, cheia de vida e energia.

Dessa forma, facilmente percebemos marcas de carros, cervejas, xampus, bancos, entre outras, incluindo imagens de surfe com o claro objetivo de posicionar suas marcas como jovens e *descoladas.*

Nesse sentido, não é raro termos como anunciantes da revista marcas dos mais variados segmentos, como Volkswagen, Fiat, GM, Mitsubishi, Banco Real, Banco do Brasil, Sabesp, Vivo, Claro, Tim, Skol, Itaipava, Antarctica, Bic, Boticário, Sundown, Honda, Mizuno, Nike e muitas outras.

Além dessas marcas de segmentos diversos, existem as marcas que compõem o *trade* da revista. São as marcas de produtos diretamente ligados à prática do surfe, como roupas (*surfwear*), acessórios e óculos de sol.

Essas marcas e empresas compõem a maior parte do *mix* de anunciantes da revista, sendo diretamente responsáveis por sua sustentação.

Normalmente as marcas de surfe são empresas de pequeno e médio porte, onde a compra de mídia é definida pelo proprietário ou executivo responsável pelo marketing. Essas marcas costumam anunciar com alta frequência na revista, sempre em espaços determinados.

Já as marcas de fora do *trade* costumam ter suas contas gerenciadas pelas agências de publicidade, que são responsáveis pelos seus planejamentos e compras de mídia.

Tanto no caso dos clientes do *trade* como nas agências de publicidade, o atendimento de qualidade é fundamental para a captação de recursos publicitários.

Raramente o anunciante procura o veículo. Normalmente a equipe comercial da revista é a responsável pela inclusão nos planos de mídia dos anunciantes.

Como em todo mercado, onde vale a livre iniciativa e onde não há monopólio, quem não é visto não é lembrado.

O aspecto técnico da revista, baseado em seus dados de audiência e distribuição, além das características gerais, é muito importante, mas o atendimento correto é fundamental para o sucesso na venda de publicidade.

10.3.1.5 Diferença entre lidar com o cliente leitor e com o cliente anunciante

Toda revista tem dois clientes distintos: o anunciante e o leitor.

Embora ambos devam ser trabalhados com toda a atenção, é inegável que o mais importante entre os dois é o leitor. Ele é a prioridade de qualquer publicação, é para quem a revista é idealizada e produzida. Sem leitores nenhuma revista existe.

A quantidade e qualificação dos leitores que a revista consegue angariar criam o seu potencial publicitário. Quanto maior o número de leitores maior é a possibilidade de surgirem interessados em tornar-se anunciantes da revista.

Podemos concluir que uma revista pode sobreviver apenas de seus leitores, independentemente de possuir anunciantes ou não.

Ainda hoje, existem algumas publicações baseadas apenas em suas receitas de circulação (vendas de assinaturas e vendas avulsas em bancas e outros pontos de venda).

No entanto, à medida que vamos segmentando o conteúdo de uma revista, como no caso da *Hardcore*, vamos restringindo seu número de leitores. A revista é dirigida a um público específico e bem definido, sendo consumida e respeitada principalmente por um determinado nicho de mercado.

No caso da *Hardcore*, é bastante simples identificar seu público-alvo: surfistas e simpatizantes do surfe e estilo de vida agregado.

Dessa forma, apesar de a *Hardcore* possuir um número de leitores relativamente pequeno, quando comparada a veículos mais "populares" e abrangentes, ela possui um alto valor agregado, que é a capacidade indiscutível de "falar" diretamente com um público interessante e bastante específico, tornando-a uma ferramenta de marketing quase obrigatória para empresas e marcas interessadas neste segmento.

Como receita de sucesso em relação ao público leitor, deve-se buscar sempre a excelência jornalística, abrangendo notícias e informações inéditas e de vanguarda, obtidas de fontes fidedignas, confiáveis e reconhecidas como referências no meio.

É inevitável que as pessoas que compõem a redação da revista sejam surfistas ou tenham grande envolvimento com o esporte, pois o convívio direto e pessoal é a melhor fonte de informações e conhecimento.

Ultrapassadas as condições adequadas do produto, passamos à abordagem do leitor nos pontos de venda. Atualmente a revista é distribuída em bancas de todo o Brasil, principalmente nos estados litorâneos, e também pelo serviço de assinaturas.

Para atrair um número ainda maior de leitores e diferenciar a revista de suas concorrentes, uma das principais estratégias empregadas é o encarte de brindes, como adesivos, filmes de surfe em DVD e outros.

Além disso, como em qualquer tipo de produto, uma boa estratégia promocional é muito importante. Costumamos fazer anúncios da *Hardcore* em veículos de mídia adequados, como nos canais de TV a cabo (SortTV e ESPN Brasil), no *site* CameraSurf, no serviço telefônico de previsão de ondas Disk Surf, em todas as demais revistas de nossa editora e em algumas outras revistas parceiras e no jornal *Meio & Mensagem*.

Nossos planos de mídia contemplam nossos leitores em potencial e também o público anunciante, procurando divulgar nossos diferenciais também como veículo de comunicação e ferramenta de marketing muito eficaz.

Em relação ao mercado anunciante, podemos dividir nossa atuação em duas frentes: os clientes *diretos* e as agências de publicidade.

Clientes *diretos* são aqueles que negociam a compra de mídia diretamente com os veículos. Nesses casos, a maioria de nossos clientes desse tipo são as empresas e marcas do *trade,* empresas e marcas que produzem produtos e equipamentos para o surfe, como fábricas de pranchas, de acessórios, como capas para pranchas, roupas de borracha e, principalmente, confecções da moda surfe, conhecida mundialmente como *surfwear*.

A abordagem desses clientes é feita de forma mais informal, em que a venda ocorre baseada em valores como a qualidade editorial da revista, cobertura de atletas e eventos patrocinados pela marca e o relacionamento entre a revista e a empresa. É bastante comum a venda de contratos anuais para essas empresas, com espaços e colocações de anúncios definidas para o ano todo.

Os preços dos espaços publicitários praticados para esses clientes são menores, até mesmo pelo fato de suas marcas terem alta frequência como anunciantes da revista.

A presença constante de representantes da revista nesses clientes é fundamental e decisiva para a qualidade do atendimento e o sucesso na venda, uma vez que a venda é quase que pessoal.

Já no caso das agências de publicidade, a abordagem é bastante diferente e mais técnica. As agências normalmente administram a comunicação de grandes marcas, de atuação mais abrangente e menos específica, fazendo com que o envolvimento com os veículos seja mais distanciado.

Nenhuma marca de perfil mais abrangente em termos de público quer ficar *estigmatizada* pela forte ligação com um determinado segmento. Por exemplo: a Billabong deseja ser reconhecida em todo o mundo como uma legítima marca de surfe. Seu *slogan* é *Only a surfer knows the feelling* (Apenas um surfista conhece o sentimento). Fica claro seu forte posicionamento ligado ao surfe. Já a Volkswagen, patrocinadora do Circuito Brasileiro de Surf há vários anos, não deseja estigmatizar sua marca como sendo fabricante de carros apenas para surfistas. Ela apenas está associando a marca aos bons valores ligados ao surfe, como um esporte jovem, saudável, inovador, praticado junto à natureza e por gente bonita, entre outros. Apesar da ligação atual com o surfe, a VW não deixa de programar várias outras ações simultâneas para os mais diversos segmentos, de forma a mantê-la uma marca desejada e de alto valor agregado para todos os tipos de público.

Nesse contexto, as agências de publicidade costumam anunciar esporadicamente em revistas segmentadas como a *Hardcore*, apenas quando possuem produtos ou marcas com forte adequação ao público leitor da revista. Dificilmente uma marca desse perfil veicula mais de dois ou três anúncios por ano na *Hardcore*.

Por esses motivos, o atendimento dado às agências é menos pessoal e muito mais relacionado a disponibilizar os dados técnicos da revista aos seus departamentos de mídia, a fim de mantê-los atualizados sobre a penetração da revista junto a seu público leitor e todas as novidades relacionadas à sua audiência.

Como a frequência de veiculações desse tipo de cliente é muito menor que a dos clientes diretos, os preços dos anúncios veiculados costumam ser bastante superiores, tornando a venda mais demorada e trabalhosa, mas muito mais rentável.

O ideal é a manutenção de um portfólio de anunciantes que mescle clientes diretos e de agências de publicidade, juntando marcas do *trade* e grandes marcas de produtos de uso geral nas edições da revista.

PECADO CAPITAL: Não fazer uma revista autêntica, tentando enganar leitores e anunciantes.

PONTO ESSENCIAL: Ter conteúdo editorial que atraia leitores, proporcionando retorno aos anunciantes.

DIFERENCIAL: Público jovem, exigente, pouco fiel e profundo conhecedor do segmento.

10.4 A importância de conhecer o cliente

A importância de conhecer o cliente é fundamental em qualquer tipo de negócio.

O conhecimento permite a customização do produto de acordo com as necessidades dos consumidores, permite aplicar as melhores técnicas de venda de acordo com o nicho de mercado e oferecer a melhor condição de venda e pagamento, de acordo, com a disponibilidade financeira do público-alvo.

Abaixo duas contribuições recebidas, via internet, de paródias, que retratam de forma bem-humorada a importância de se conhecer o cliente.

Caso 1

Um desanimado vendedor de refrigerantes volta de uma frustrada temporada em Israel.

Seu amigo lhe pergunta:

– Por que você não conseguiu ter sucesso com os israelenses?

O vendedor lhe disse:

– Quando fui designado para o Oriente Médio, eu estava confiante de que conseguiria vender muito bem nas áreas rurais. Mas havia um problema, não sei falar hebraico. Então, pensei em criar uma sequência de três cartazes para transmitir minha mensagem de vendas.

Primeiro cartaz: Um homem caído na areia do deserto totalmente exausto, a ponto de desmaiar.

Segundo cartaz: O homem está bebendo nosso refrigerante.

Terceiro cartaz: Nosso homem, agora completamente recuperado e disposto.

Então, mandei afixar esses cartazes em todos os lugares.

– Bem, me parece que isso deveria ter funcionado muito bem – disse-lhe o amigo

O vendedor respondeu:

– Eu só não sabia que os judeus leem da direita pra esquerda!

Caso 2

Uma dona de casa, num vilarejo bem distante da cidade, ao atender às palmas em sua porta e à voz "Oi de casa, estou entrando!", depara-se com um homem jogando esterco de cavalo em seu tapete da sala.

A mulher apavorada pergunta:

– O senhor está maluco? O que pensa que está fazendo em meu tapete?

O vendedor, não deixando a mulher falar mais nada, responde:

– Boa tarde! Estou ao vivo oferecendo meu produto, e ao vivo eu provo para senhora que nossos aspiradores são os melhores e os mais eficientes do mercado, tanto que estou agora fazendo um desafio: Se eu não limpar esses estercos em seu tapete, eu prometo que irei comê-los!

A mulher retirou-se para a cozinha sem falar nada.

O vendedor curioso perguntou:

– A senhora vai aonde? Não irá ver a eficiência do meu produto?

A mulher responde:

– Vou pegar uma colher, sal, pimenta e um guardanapo de papel, e uma cachaça para abrir o apetite, pois aqui em casa não tem energia elétrica!

CAPÍTULO 11

POLÊMICAS, MITOS E RISOS

A área de vendas sempre foi terreno fértil para uma infinidade de *filosostrantes*, uma mistura dos filósofos antigos com os atuais palestrantes, que abundam nas corporações. Vendas também é um campo vasto para discussão, aperfeiçoamento, avaliação e, sobretudo, contestação de teorias e modismos propostos pelos *filosostrantes.*

No rastro das discussões e contestações, inúmeros mitos e polêmicas se estabeleceram no mercado, dos quais alguns se provaram tão absurdos, no longo prazo, que passam a ser motivo de riso e tratados como peça de museu.

O que é real e o que é mito em vendas?

Como em tudo na vida, em vendas não existe fórmula mágica ou procedimento-padrão a ser seguido. O mito só se tornará real a partir da análise e aplicação individual das inúmeras propostas, avaliando seus resultados e adquirindo experiência para discernir entre o apropriado e o inadequado.

É função do vendedor de sucesso fustigar teorias, testar aplicações e alimentar as polêmicas que envolvem as novas técnicas propostas para vendas.

Criticar e desvalorizar é fácil. Um batalhão incontável de colegas, chefes, subordinados, estudiosos e autores disparam seus petardos críticos contra as novidades. Contamos nos dedos aqueles dispostos a posicionar-se de maneira profissional, sugerindo mudanças e melhorias ou demonstrando com seriedade os pontos de discordância.

Este capítulo analisa alguns pontos de discordância, polêmicas e mitos, a fim de ajudá-lo a tornar-se um vendedor de sucesso e construir seu próprio ponto de vista sobre o tema.

11.1 Atendimento pessoal e corporativo

As técnicas de vendas e o atendimento a clientes individuais e clientes corporativos são sempre as mesmas. Ledo engano e erro comum é a generalização da figura dos consumidores, pessoa física e pessoa jurídica.

Na maioria dos treinamentos em vendas, a relação vendedor-cliente (consumidor final) e os métodos e técnicas são tratados de forma genérica, excetuando peculiaridades da relação vendedor-empresa.

As duas circunstâncias de venda contemplam um objetivo final único, a venda. Muitos aspectos, qualidades, técnicas e recursos são válidos para ambas as situações.

Na relação comercial, a aproximação, os fins e os resultados sempre serão os mesmos, sendo necessário adequar as variações aos meios, conforme as peculiaridades dos consumidores. Essa pequena diferença propicia extrair o máximo das ferramentas e oportunidades, diminuindo o caminho e o estresse para o sucesso.

11.1.1 Pessoa Física

Em uma situação de venda envolvendo a pessoa física, o vendedor tem a oportunidade de olhar nos olhos do cliente, sentir suas reações, testar sua ansiedade, sabendo que o decisor da compra está presente e disposto a dizer sim, de acordo com a condução da negociação.

A venda para o consumidor final é carregada de emoção, ansiedade, prazer e *status*, fatores que auxiliam o vendedor a orientar-se pelo perfil do cliente, que, quando deseja alguma coisa, desarma-se de táticas e abdica das estratégias, ficando vulnerável em suas intenções.

11.1.2 Pessoa Jurídica

A venda corporativa ou venda para pessoa jurídica utiliza todos os elementos de uma venda para pessoa física. O atendimento e o vendedor necessitam de simpatia, educação, cordialidade, conhecimento técnico, humor e educação. Diferentemente do face a face do vendedor com o cliente, na venda corporativa alguns pontos tornam-se obstáculos para o fechamento da venda: falta de contato direto com o decisor da compra, intermediários da negociação preparados e focados em extrair da compra o máximo pelo menor valor possível e inexistência de emoção ou ansiedade.

O vendedor de sucesso deve conduzir a venda, seguindo um roteiro diferente da venda a pessoa física, e atuar em diversas frentes ao mesmo tempo, a fim de não tornar esses obstáculos intransponíveis.

Algumas regras podem orientar a venda corporativa:

- *Networking* respeitável: para romper as barreiras corporativas de entrada de novos fornecedores, o vendedor de sucesso deve expandir exponencialmente sua cadeia de contatos.
- Relacionamento multi-hierárquico: depois de conseguir ser recebido na empresa, o vendedor de sucesso deve manter um excelente relacionamento em todos os níveis hierárquicos, vale dizer, com o manobrista, a telefonista e, sobretudo, com as secretárias das pessoas de seu interesse.
- Persistência e paciência: qualidades magníficas para todo ser humano, mas imprescindíveis ao vendedor de sucesso. Nem sempre ou quase nunca, como vendedor, você será prioridade no atendimento, por isso, paciência.
- Relacionamento extraprofissional: a venda corporativa, às vezes, exige um relacionamento extraprofissional do vendedor, isto é, convidar potenciais e atuais clientes

para almoços, jantares, *happy hour* ou atividades que os clientes pratiquem ou apreciem, como futebol, tênis ou golfe...

- Limite: como a venda corporativa envolve somas consideráveis de valores, o vendedor deve permanecer impassível quanto ao limite mínimo que ele pode atingir na negociação. A empolgação ou um erro de cálculo em vendas desse porte pode comprometer de forma irreversível o negócio.
- Amizade: estágio mais avançado do *networking*, propicia a redução rápida dos caminhos a serem trilhados.
- Egos: o vendedor de sucesso administra egos, devendo ressaltar a importância da colaboração ou do aval de qualquer pessoa, mesmo que não exerça influência ou não detenha poder de decisão na negociação. Desqualificar ou desprezar a ajuda de qualquer pessoa da empresa a que se deseja vender é o mesmo que colecionar inimigos.

O Gráfico 11.1 mostra a relação direta na venda pessoa física.

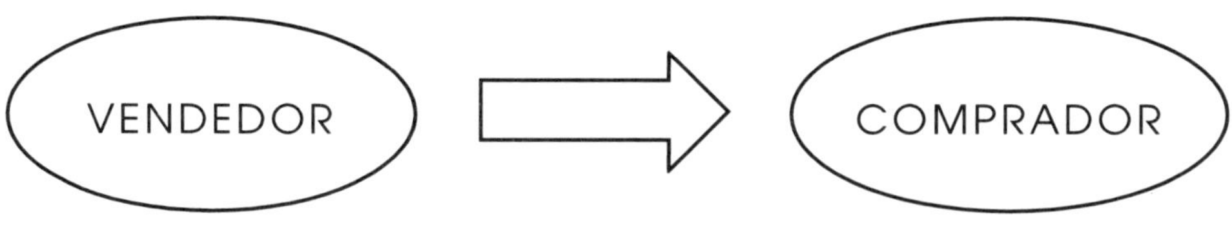

O Gráfico 11.2 mostra que, na venda pessoa jurídica, o vendedor tem um foco de atuação de maior amplitude e o decisor fica protegido por um "escudo" de pré-etapas que devem ser vencidas, antes da confirmação da venda.

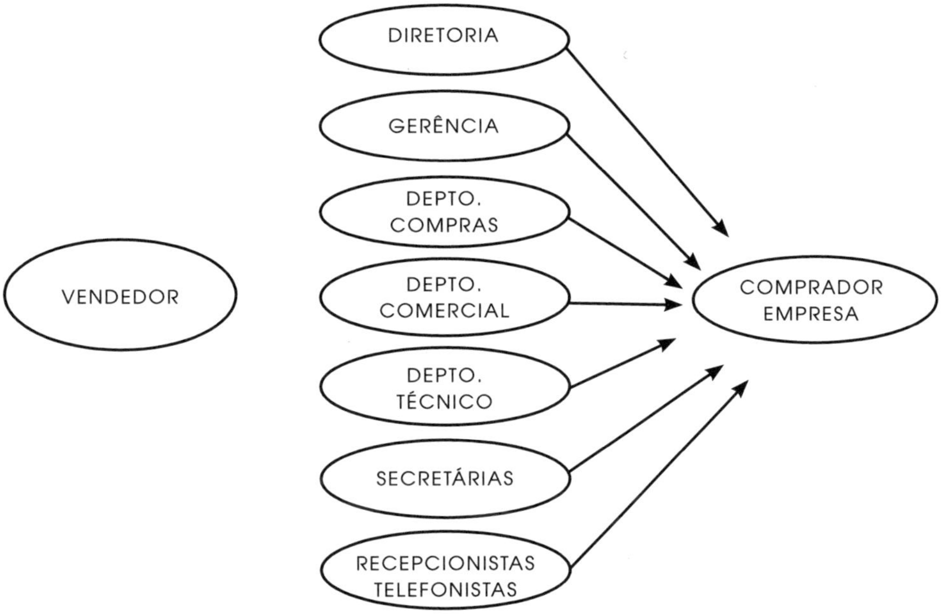

Pela análise dos Gráficos 11.1 e 11.2 percebe-se a sutileza e a diferença entre os dois tipos de vendas e como e quanto o comportamento do vendedor de sucesso deve variar entre a venda direta e a venda corporativa, a fim de atingir o objetivo comum, que é a confirmação do sucesso da negociação.

PECADO CAPITAL: Tratar a pessoa física como pessoa jurídica e vice-versa.

PONTO ESSENCIAL: Separar o atendimento em duas categorias: venda direta (consumidor) e venda corporativa (empresa).

DIFERENCIAL: Saber utilizar as sutilezas dos dois tipos de vendas a seu favor.

11.2 Preço baixo = vendas

Um dos maiores mitos em vendas e desculpa predileta para justificar fracassos ou distorção das vendas reais para as metas estabelecidas é o preço.

O valor do produto, como um dos fatores que influenciam a venda, deve ser definido dentro de um parâmetro de racionalidade, razoabilidade e competitividade com o mercado. Mas o fator preço isoladamente não estabelece a venda. Se a equação preço baixo = vendas fosse real, a função do vendedor seria inútil e supérflua e, em vez de vendedores e investimento em treinamentos, bastariam apenas caixas para receber os pagamentos e seguranças para organizar as hordas de consumidores ávidos em adquirir produtos com a certeza do menor preço.

Atendimento de sucesso, informação, atenção, embalagem, marketing, propaganda, crédito, descontos e vendedores de sucesso são outros fatores que fazem parte do cenário real de vendas e que competem entre si e com o preço no momento da compra e decisão do consumidor.

O mito do preço baixo como gerador automático de vendas se desfaz na parcela da população mais impactada pelo preço, o consumidor de baixa renda, uma vez que seus parcos rendimentos sofrem com qualquer variação de preço, tornando extremamente sensível seu orçamento.

Com o intuito de mapear esse consumidor, foi realizada, em 2004, uma pesquisa junto à população de menor poder aquisitivo, na época a coqueluche das vendas do varejo nacional. *Marketing para o Varejo de Baixa Renda* (Ed. Novo Século, 2006) mostra que, apesar de os consumidores elegerem o menor preço como o diferencial principal na escolha de um produto ou loja, no momento da compra, eles agiam de maneira diferente, buscando produtos e serviços de lojas que nem sempre eram as mais baratas e, por vezes, estavam entre as mais caras do mercado.

Esse comportamento foi comprovado por pesquisa secundária, levando à conclusão de que, apesar da consciência e correção do discurso no que tange à escolha da atitude correta, o consumidor valida o mito de menor preço como melhor estratégia de vendas.

As atitudes no momento da compra diferiam do discurso, apontando inúmeros artifícios, além do preço, capazes de atrair a atenção do consumidor e tornar-se decisivos na escolha e na compra dos clientes.

A equação 11.1 demonstra a relevância do preço em vendas, mas valida outros fatores de influência, que podem desvincular o consumidor da busca pelo menor preço.

Equação 11.1 – Relevância do preço

$$\text{MARKETING} + \text{ATENDIMENTO DE SUCESSO} + \text{INFORMAÇÃO} + \text{ATENÇÃO} + \text{EMBALAGEM} + \text{CRÉDITO} + \text{VENDEDORES DE SUCESSO} + \text{DESCONTOS} - \text{PREÇO} = \text{VENDA}$$

Onde:

Resultado positivo: a força do preço é pequena na negociação.

Resultado igual a zero: o equilíbrio entre as ações gera vendas.

Resultado negativo: o preço é o único responsável pela venda.

Para validar a equação, é necessário que os investimentos em marketing, propaganda, treinamento, atendimento, design, entre outros, sejam menores do que a perda de receita pela diminuição do preço e consequente perda da margem de lucratividade.

Equação 11.2 – Distribuição dos recursos

$$\frac{\text{Investimento, marketing, propaganda, atendimento, treinamento}}{\text{Diminuição do preço}}$$

Onde:

< 1 o investimento traz maior retorno em vendas

= 0 as estratégias são equivalentes

> 1 a diminuição do preço é o aspecto mais viável para alavancar as vendas

PECADO CAPITAL: Acreditar somente no poder do preço na venda.

PONTO ESSENCIAL: Mapear a sensibilidade de preço do consumidor em relação ao produto.

DIFERENCIAL: Criar diferenciais que possam deslocar o foco do consumidor do preço.

11.3 Vendas independem dos outros departamentos da empresa

Motivo de polêmica e embate entre os departamentos é a atitude do departamento de Vendas, que, principalmente em épocas de bonança, com arrogância e prepotência, autoproclama-se o responsável pelo desempenho e lucros da organização.

O departamento de Vendas, em todas as situações, de euforia ou recessão do mercado, é uma peça dentro do complexo sistema corporativo. Peça importante, sem dúvida, mas uma peça fraca, se usada isoladamente. Sua importância e força advêm do uso conjunto e de suas inúmeras possibilidades de variação e utilização.

Considerar que o departamento de Vendas ou o vendedor é o responsável pelo sucesso de uma empresa é, no mínimo, egoísmo, para não dizer miopia.

O sucesso de uma organização vem do trabalho conjunto de todos os departamentos com o mesmo objetivo, cada qual respeitando suas limitações.

Um exemplo claro de complementaridade é o departamento de Logística, que, sem o *glamour* de vendas, deve entregar de maneira cordial, em perfeitas condições e no menor prazo possível todas as promessas de Vendas.

O que seria de Vendas sem a Logística? Você convenceria seu cliente a levar a geladeira no carro?

Casas Bahia, em 2004, contava com uma frota de 2.100 veículos que realizaram 9,5 milhões de entregas e percorreram 90 milhões de quilômetros, o mesmo que 2.250 voltas ao redor da Terra! (Awad, Elias, 2007).

Quantas vendas não seriam perdidas sem uma logística de guerra como essa?

Tal polêmica é mais uma rusga interna, em que departamentos buscam destaque não pelo merecimento, mas pela exaltação de seus atos e diminuição da importância dos demais. A realidade é que o sucesso em Vendas passa por todos os departamentos da organização.

PECADO CAPITAL: Arrogância e orgulho

PONTO ESSENCIAL: Reconhecer a importância da empresa como um todo.

DIFERENCIAL: Dividir o mérito e, quando possível, recompensar aqueles que ajudaram na venda.

11.4 A quem pertence o *mailing* de clientes?

A pergunta provoca uma discussão fervorosa entre vendedores e empresas, não constando da pauta dos seminários nem das páginas de qualquer livro que trate da relação de vendas.

A questão é intrincada e os defensores de ambas as partes clamam por ética, propriedade intelectual, mérito, pagamento por serviços, entre outros. Cada qual tem sua parcela de razão e, como sempre, cada parte exacerba seus direitos.

Nesse contexto, realizei pesquisas informais entre vendedores e empresas a respeito do tema, chegando a uma definição:

Todo vendedor tem direito ao *mailing* conquistado por seu próprio esforço, independentemente se está ou não a serviço da empresa, ou seja, o *mailing* de todos os novos clientes que adquirir é seu e da empresa que representa.

Todo *mailing* existente na empresa, quando da sua admissão, é de propriedade da empresa, portanto, a cópia e utilização do esforço de vendas de outros para agregar clientes a seu *mailing* pessoal não é considerada ética, uma vez que o vendedor não teve participação direta na construção desse patrimônio.

O vendedor pode utilizar o *mailing*, com o consentimento da empresa, para atendimento a clientes inativos, estabelecendo uma relação de confiança e amizade, que rende números de vendas expressivamente superiores em relação aos registrados na carteira do cliente.

PECADO CAPITAL: Adotar por osmose propostas milagrosas sem testar ou criar opinião sobre o assunto.

PONTO ESSENCIAL: Contribuir para a melhoria contínua com palavras e, sobretudo, com ações, evitando a crítica apenas pela crítica (crítica vazia).

DIFERENCIAL: Ter opinião formada e própria a respeito das polêmicas que cercam o ambiente de vendas.

CAPÍTULO 12

MANUAL RÁPIDO DE ATENDIMENTO

Toda empresa, independentemente do porte, pode padronizar e orientar o atendimento da equipe de Vendas para sua excelência e diferenciação perante a concorrência, como explicita o *Manual Rápido de Atendimento*, desenvolvido por Sidney Trevisan e Sérgio Nardi, cujo objetivo é a padronização do atendimento de vendas, em uma rede de calçados e acessórios (Trevys e Viza).

O *Manual* visa auxiliar o colaborador a entender a importância das técnicas e seus resultados perante o cliente, evitando que se comporte de maneira inadequada, inserindo o cliente em situações que possam causar desconforto ou levar à inibição da venda.

O *Manual* possibilita ao cliente receber um atendimento atencioso e cordial e a padronização, o reconhecimento da forma de atendimento e do prestígio da marca pelo cliente em todas as lojas da rede.

12.1 Abordagem de Atendimento

O bom vendedor não é o vaqueiro, aquele que tenta laçar o cliente e colocá-lo para dentro da loja, custe o que custar. A abordagem em venda direta com o cliente, na área de vitrine, deve ser feita de maneira educada e calma. Falar em demasia, forçar o diálogo ou pressionar o cliente a entrar na loja e experimentar um produto inibe e irrita, prejudicando o relacionamento, elo essencial para a consumação da venda.

A aproximação do vendedor ao cliente que está olhando a vitrine deve ser feita de maneira sutil, mantendo uma distância de segurança, para que o cliente se sinta à vontade. Assim que o cliente percebe sua presença, cumprimente-o com uma saudação de boas-vindas. Seja natural e espontâneo. Fuja dos jargões prontos, como *pois não* ou *à sua disposição*.

Após o primeiro contato, retorne à posição de segurança, na retaguarda do cliente, para não bloquear o seu deslocamento, não se tornar um obstáculo incômodo, permitindo que o cliente continue à vontade para olhar a vitrine.

Em seu *tour* pela loja, o cliente, além do produto exposto, aproveita para avaliar outros aspectos, como o ambiente, a limpeza, a organização e, é claro, o nível de atendimento e interesse dos vendedores.

Algumas atitudes, mesmo não intencionais, podem prejudicar sensivelmente a avaliação do cliente.

Roda de vendedores batendo papo displicentemente, risadinhas e piadas, barreira humana de vendedores alinhados lado a lado, vendedor plantado na frente da loja contemplando o movimento da rua são atitudes que inibem a entrada, causam desconforto e afetam a boa opinião sobre a loja e o produto.

É no momento em que o cliente define a compra ou solicita ajuda do vendedor que o vínculo deve ser criado, com calma e a tranquilidade. A primeira coisa a fazer é perguntar o nome do cliente e dizer o seu. A partir desse momento, o cliente só deve ser tratado pelo nome, tornando o atendimento mais pessoal e mais fácil.

12.2 Atendimento

Para o cliente, a compra de um calçado é mais que a simples compra de um objeto. Mesmo o vendedor, que realiza a mesma tarefa diversas vezes ao dia, deve avaliar toda venda do ponto de vista do cliente em toda a sua complexidade.

Um produto calçadista ou de confecção mexe diretamente com a vaidade do cliente, não sendo apenas a busca de um objeto para suprir uma necessidade. É o momento de o cliente sentir-se valorizado como pessoa, atendido e respeitado como importante e único. Em diversas oportunidades, a venda supre carências psicológicas que não têm motivação no produto em si, mas estão relacionadas diretamente com o modo de vida e trabalho do comprador.

O cliente, ao entrar na loja, não busca apenas um sapato, um cinto, uma calça ou uma camisa, busca algo que o valorize e possa propiciar conforto, beleza e, principalmente, *status*. A geração de valor para o cliente não se dá pelo preço mais baixo, mas pela valorização do produto e do cliente. Entendidas a necessidade e as carências, é hora de atender o cliente.

A diversidade de opções passa ao cliente a impressão de boa vontade do vendedor e a disponibilidade de estoque e alternativas da loja. Por isso, o vendedor deve apresentar pelo menos três opções de calçados que estejam próximas da escolha inicial do cliente.

A apresentação do calçado deve mais uma vez colocar o comprador em uma posição confortável e valorizar ao máximo o produto. Como o cliente está sentado, o vendedor deve, agachado, apresentar o produto, facilitando sua visualização. A figura de uma pessoa em pé defronte a outra, sentada, causa inquietação, incômodo e intimidação.

A valorização do produto acontece nos detalhes, e durante toda a venda, pela maneira como o vendedor tira e guarda o calçado na caixa, como segura o calçado e como organiza as caixas no chão. Trate o produto com carinho e respeito!

Faça da experimentação um momento agradável, possibilite ao cliente sentir-se ao máximo em contato com o produto, execute a prova do calçado com os dois pés, auxilie o cliente a calçar, amarrando o tênis ou prendendo a sandália. Esteja atento e seja eficiente, tendo sempre com você uma calçadeira própria para o calçado e um par de meias.

12.3 Lidando com objeções

Um dos momentos mais difíceis para o vendedor é quando o cliente, depois da aproximação, vira as costas e vai embora.

Essa rejeição deve ser encarada de forma natural pelo vendedor que se aplicou ao máximo na retenção do cliente. Afinal de contas, nem sempre o cliente está predisposto ou tem os recursos naquele momento para consumar a venda.

É muito comum o cliente desistir da compra por falta de informação do produto e das condições de pagamento, entre outras.

Nem sempre o cliente está disposto a perguntar. Quando o cliente estiver analisando o produto (provando ou apenas segurando o calçado), o vendedor deve apresentar argumentos que caracterizem e valorizem o produto, como conforto, *design* e durabilidade.

Enterre chavões:

- Este está vendendo muito.
- É lançamento.
- Este eu tenho poucos agora.

Estimule o cliente a formular novas perguntas, com informações importantes, como formas de pagamento, parcelamento, ofertas e promoções, quando houver.

12.4 O fechamento

O fechamento é tão importante quanto a condução da venda. Quando o cliente decide qual calçado levar, é hora do vendedor iniciar o processo de venda casada, apresentando outros produtos que acompanhem ou completem a peça comprada. A venda casada nem sempre é realizada pelo vendedor, mas representa uma parcela significativa de ganhos no final do mês, tanto para o estabelecimento quanto para o vendedor.

As peças devem ser estrategicamente trazidas pelo vendedor para que o cliente possa ver, tocar e, se necessário, provar ou levar, mesmo por impulso.

Deixe a preguiça e, mais uma vez, o vocabulário restrito de lado:

- Só isso hoje?

- Só vai ser isso mesmo?
- Você não quer ver outra coisa?
- Não quer dar uma olhadinha em mais nada?

Perguntas desnecessárias e inócuas para despertar o interesse do consumidor.

Finalizada a venda e com a certeza de que o cliente está satisfeito, o vendedor deve acompanhá-lo até ao caixa, depois, até a porta, carregando a compra. À porta da loja, entregar a sacola com uma saudação, desejando ao cliente um bom dia ou um bom final de semana.

Com esses passos, você, vendedor, estabelece um bom padrão de atendimento e pode ter a certeza de ter conquistado um cliente.

12.5 Dicas

a) Com a certeza de ter prestado um atendimento de qualidade e conquistado um cliente, tenha sempre à mão uma agenda para anotar o nome, telefone (quando possível) e as preferências do seu cliente. Use critérios e seja organizado, utilizando a ordem alfabética para facilitar a marcação e lembretes que auxiliem a identificar o cliente, por exemplo, cliente dona do cachorrinho branco, etc.

b) O preço do produto só deve ser falado no momento em que o cliente perguntar. Falar o preço antes pode gerar a sensação de que você o está subestimando, que ele está procurando algo barato ou não tem capacidade de pagar por um produto de preço mais elevado.

c) As lojas da rede não trabalham com desconto à vista; portanto, se o cliente perguntar se o produto tem desconto, o vendedor deve responder de imediato que os preços que estão na vitrine são preços para pagamento à vista.

d) Jamais transfira a sua responsabilidade de venda para o gerente da loja ou tente forçar uma situação. Chamar o gerente para discutir preço ou possibilidades especiais só gera expectativa no cliente. Se o gerente negar a possibilidade, a situação provocará frustração e desestímulo no cliente, passando uma sensação de pouco caso em relação ao pedido.

e) Recorra, sim, ao gerente para negociar dentro das bases permitidas pela rede. Assim, você dá mais importância ao cliente e à negociação, que certamente será validada pela gerência, pois se encaixa no limite de negociação da rede.

Boas Vendas!

CAPÍTULO 13

O MANTRA DO VENDEDOR DE SUCESSO

Seja a mudança que você deseja ver no mundo.
Mahatma Gandhi

Mohandas Karamchand Gandhi, mais conhecido como *Mahatma* (grande alma) Gandhi, nasceu em 1869 e morreu em 1948, deixando uma história de luta contra o racismo e a injustiça social.

Sua sabedoria nos deixou milhares de ensinamentos que transcendem o cenário humanitário e devem ser analisados e avaliados nas mais diversas situações.

A Arte da Guerra, de Sun Tzu (1996), *best-seller* clássico de táticas de guerra voltadas a situações corporativas, e a visão e os ensinamentos de Gandhi revelam enorme conhecimento e precisão, quando aplicadas dentro das empresas.

Seja a mudança que você deseja ver no mundo! Tal frase pode ser aplicada ao ambiente corporativo, quando assim reescrita: *Seja a mudança que você deseja ver na sua empresa.*

Sistemas carregados, ineficiência predominante, estresse permanente e reclamações contínuas permeiam o ambiente corporativo e sufocam o dia a dia dos funcionários nas empresas.

O que você está fazendo para mudar isso?

As reclamações são muitas e as mais variadas. Em contrapartida, as ações e iniciativas são pífias e tímidas por parte de empresas e funcionários. Receio, incompetência, preguiça e acomodação impedem a disseminação e conscientização dos benefícios mútuos que o arrojo, a audácia e a criatividade podem fazer em prol do ambiente e das condições de trabalho.

Estamos sempre esperando... Esperando que o mundo se modifique, que as pessoas mudem, que as recompensas cheguem e que esse ar de esperança e transformação resolva nossos problemas. Infelizmente, os desejos não são convertidos em ações e as mudanças estão sempre na pendência de terceiros.

Seja um agente transformador em vendas, deixe o discurso de lado, promova atitudes, empreenda, busque alternativas e proponha soluções!

Seu empenho e esforço trarão resultados positivos para o cliente e para a empresa, que promoverá o reconhecimento do seu comprometimento com a organização e com seus pares.

Se seu empenho não é reconhecido, se não existe espaço para opinar, toda ação empreendedora é desestimulada e a inovação é vista com maus olhos pela empresa, é hora de parar de reclamar e nulificar-se. Deixe a zona de conforto para trás e lute para ser aquilo que você sempre sonhou! Afronte seus medos e mostre o profissional capaz que você é! Procure espaço para a sua criatividade e acredite que ser um vendedor de sucesso só depende de você.

A melhor maneira de mudar é provocar a mudança!

Sérgio Nardi

VOCÊ FAZENDO A DIFERENÇA

Políticas e práticas voltadas para o cliente, organizações focadas em um plano estratégico de intimidade com o cliente, treinamento e atualização constantes são fatores essenciais na montagem da equação do Atendimento de Sucesso, mas nenhuma dessas ações é mais importante e indispensável do que você, vendedor.

O vendedor de sucesso é aquele que realmente faz a diferença. A arte de vendas, assim como a pintura, o desenho, a composição, o canto e outras artes, não é para todos e exige do indivíduo inspiração, amor, dedicação e muita transpiração.

Podemos separar os vendedores em duas categorias: vendedores de ocasião, pessoas que, na busca por uma recolocação profissional ou necessidade de entrada no mercado de trabalho, deparam-se com uma oportunidade na área de Vendas, e vendedores de sucesso, que têm satisfação em conduzir e concluir uma negociação.

O vendedor de sucesso encara o ato de vender como uma missão e se guia por regras para entender e atender o cliente com excelência, conseguindo proporcionar-lhe uma experiência inesquecível no momento da compra.

Alguns itens são imprescindíveis na formação de um vendedor de sucesso. Para auxiliar e guiar você pelos caminhos da arte de lidar com o cliente, o **Mantra do Vendedor de Sucesso** traz pontos importantes que devem ser desenvolvidos e abordados em todas as relações comerciais que visam ao sucesso e ganho mútuo para as partes envolvidas.

O MANTRA DO VENDEDOR DE SUCESSO

1 SOMENTE PONTOS POSITIVOS: o vendedor de sucesso estuda, analisa e aprofunda os seus conhecimentos em relação ao seu produto/serviço, bem como o produto/serviço da concorrência. Esse estudo e conhecimento auxiliam o vendedor de sucesso a extrair, de ambas as situações, pontos positivos e negativos que possam auxiliar a criar um diferencial competitivo no momento da venda.

O vendedor de sucesso baseia suas vendas, exaltando as qualidades de seu produto, jamais depreciando ou falando mal do produto da concorrência. A venda de sucesso é nivelada pelas qualidades apresentadas e não pelas possíveis deficiências da concorrência.

Um vendedor da marca Massey Ferguson por muitos anos liderou a venda de tratores na região de Ribeirão Preto. Seu carisma, sua simpatia e a enorme capacidade em atender às solicitações e descobrir as necessidades dos agricultores da região por suas visitas constantes às terras dos seus clientes e a sua presença invariável em festas e eventos na região facilitavam a tarefa de vender. Vê-lo atuando era uma aula a céu aberto de atendimento atencioso, dedicação, carisma e, sobretudo, inteligência em potencializar as virtudes dos tratores Massey Ferguson frente às necessidades dos compradores.

A opção de compra dos tratores MF sempre foi baseada nos pontos positivos da marca e jamais pela depreciação do produto da concorrência.

Anos mais tarde, por motivos particulares, o vendedor se transferiu para a Ford Tratores.

Antonio Casimiro, orientador de treinamentos de Redação e Comunicação Empresarial, relata a transição:

Um dia, por razões pessoais, João deixou a Massey Ferguson e tornou-se revendedor de Tratores Ford. E agora? Como explicar a seus clientes e amigos a troca de marca, ele que sempre enaltecera a qualidade da MF? Poderiam considerá-lo falso e interesseiro e adeus amizades e vendas!

Não foi isso o que sucedeu. Em reunião na cooperativa de agricultores e, depois, boca a boca, João explicou:

"A Massey Fergusson faz um ótimo trator, tem extensa rede de assistência técnica e peças de reposição. A Ford, também, oferece a mesma qualidade e assistência e, no momento, tem preços e facilidade de pagamento melhores. Assim, vou continuar servindo a vocês com um bom produto e a amizade de sempre. Jamais enganaria vocês. Podem confiar!"

As vendas não só continuaram, mas aumentaram e João pôde andar de cabeça erguida, olhar nos olhos seus clientes e apertar a mão de todos sem qualquer constrangimento.

A isenção em criticar o produto concorrente o deixava à vontade para trabalhar a nova marca e a sua metodologia de vendas, a partir de então, foi a mesma: descobrir pontos positivos dos tratores Ford, a fim de apresentar e adaptar as necessidades de sua base de clientes, sempre respeitando a agora concorrente marca Massey Ferguson.

CUIDADO ESPECIAL: não feche as portas em vendas.

2 A INTIMIDADE É A SENHA DE VENDAS: a intimidade é uma poderosa aliada em qualquer negociação. O vendedor de sucesso deve sempre buscar o nível máximo de confiança de seus clientes, causando a satisfação da venda por suas palavras e afirmações. Obtida a confiança e credibilidade do cliente, a linha que o separa da intimidade com o consumidor se torna muito tênue e factível.

A intimidade entre consumidor e cliente se torna algo tão forte e positivo que involuntariamente o induz a procurar determinada loja ou produto, tornando-se fator decisor da compra, quando ainda lhe restarem dúvidas.

CUIDADO ESPECIAL: intimidade tem limites. Certifique-se de que você está agindo de acordo com a abertura propiciada pelo cliente.

3 SURPREENDER O CLIENTE: o vendedor de sucesso tem por obrigação surpreender o cliente, tornar-lhe a experiência inesquecível e digna de elogios. A melhor maneira de surpreender o cliente é antecipar os seus movimentos, monitorando seus desejos, facilitando-lhe a vida e poupando tempo e preocupação. Não há necessidade de atos heroicos, complicados ou extorsivamente caros para agradar o cliente. Ações simples são concretas e facilmente perceptíveis ao consumidor e o vendedor pode desempenhar melhor muitas delas, quando tem confiança e intimidade com o cliente:

- Ao sair de um restaurante ou loja, seu veículo já deve estar à porta.
- Enquanto o cliente efetua o pagamento, as compras devem ser colocadas no veículo.
- Reservar a mesa de preferência do cliente no restaurante.
- Cartões comemorativos e brindes em datas especiais.
- Promoções de produtos, que atendam às exigências de determinado cliente.

CUIDADO ESPECIAL: antecipar é a melhor maneira de surpreender o cliente. Entretanto, se a antecipação não é desejo do cliente, saiba recuar com imparcialidade, sem esboçar decepção pela atitude tomada.

4 FAÇA O CLIENTE SENTIR-SE IMPORTANTE: o vendedor de sucesso procura tornar o cliente importante em todas as ocasiões e oportunidades. Afinal de contas, quem não gosta de ser ou sentir-se VIP? É função do vendedor de sucesso colocar o seu cliente em uma condição de exclusividade que o diferencie perante os outros, que o transforme em referência para os demais consumidores. Para que a sensação de importância seja completa, é fundamental manter a intimidade com o cliente e criar elementos de surpresa que possam ser compartilhados por uma *plateia* de outros consumidores.

Começamos a dar maior importância ao atendimento, para que o cliente se sentisse no seu dia de Fasano e pudesse, como o cliente "rico", fazer uma refeição acompanhada de bebidas e de sobremesa, pagar por isso e sentir-se satisfeito pelo almoço/jantar especial. E, de quebra, garan-

tir na sua experiência de consumo que um retorno valeria a pena a qualquer custo.

Para que os encontros fossem especiais, desenvolvemos um trabalho minucioso e muito me orgulho de ter feito parte de momentos tão felizes e especiais na vida dessas pessoas:

- *Pedidos de casamento em um jantar no Habib's, com direito a mesa reservada em local o mais isolado possível.*
- *Festas de 15 anos.*
- *Pedidos de viagem para ceias de Natal, com direito, além das tradicionais esfihas e quibes, a pratos mais "sofisticados" como charuto de repolho, cafta e coalhada.*
- *Atendimento personalizado: os clientes entravam na loja e eram recepcionados pelo gerente pelo nome. Os clientes cativos estufavam o peito e entravam com maior orgulho, provocando alvoroço e cochicho* nas mesas ao redor.
- *Atendimento customizado, antecipando o gosto da clientela, como servir o quibe de determinado cliente mais queimadinho, pois é o gosto dele, mesmo antes de pedir.*
- *Reuniões de família e amigos.*
- *O simples fato de o funcionário fazer parte da brigada de trabalho era uma questão de respeito em sua vila.*
- *Pequenos mimos, como cortesia para demonstrar a importância dos clientes assíduos e, de quebra, provocar a experimentação de outros pratos.*

Para muitos, era o jantar no Fasano; então, o melhor se tornava padrão.

(Marcos Bosniac Eitut, gastrólogo, professor de gastronomia do Senac-SP, relatando sua experiência à frente de uma unidade do Habib's, em *A Nova Era do Consumo de Baixa Renda*, Ed. Novo Século: São Paulo, 2009.)

OPORTUNIDADE: tornar o cliente especial torna você um vendedor especial para esse cliente.

5 O VENDEDOR DE SUCESSO APRENDE COM O ERRO DOS OUTROS: Alguns ditos populares dão conta de que *herrar é umano*, errando é que se aprende, e por aí vai. O vendedor de sucesso não é infalível, mas procura aprender e aperfeiçoar suas técnicas a partir do erro e da experiência dos outros, sempre conectado e atualizado, por meio de cursos, leituras ou bate-papos informais.

OPORTUNIDADE: aprender com o erro dos outros é o meio mais barato de aprendizado.

6 FALAR, MAS, SOBRETUDO, OUVIR: o vendedor de sucesso deve estabelecer contato visual e principalmente verbal com o seu interlocutor (cliente) ininterruptamente. Longos espaços de tempo preenchidos de silêncio criam expectativa e desconforto para ambas as partes, levando a uma situação de constrangimento do cliente e consequente retração. Prestar esclarecimentos, responder perguntas, contar casos, piadas e histórias são ferramentas essenciais ao vendedor de sucesso para estabelecer um elo direto com o cliente. Para não se transformar em uma figura indesejada e insistente, é necessário que o vendedor seja, antes de tudo, um excelente ouvinte, colocando sua atenção e paciência à disposição do cliente, que deseja questionar o produto, pesquisar garantias e vantagens, mas, sobretudo, escutá-lo simplesmente, se desejar expressar as razões da compra, as dificuldades passadas em busca dessa conquista ou, mesmo, espontaneamente expor problemas ou casos de ordem pessoal. Sua opinião é importante, seus *causos,* engraçados, suas experiências, extraordinárias, mas o centro das atenções é o cliente. Portanto, é primordial, antes de falar, saber ouvir. Reter e filtrar o que existe de importante nesse conhecimento informal, a fim de revertê-lo a seu favor em vendas futuras.

O que fala semeia; o que escuta colhe.
Pitágoras

CUIDADO ESPECIAL: em um diálogo de vendas ou em uma conversa informal, o cliente deve ser o foco principal, ter a preferência para perguntar, exigir ou simplesmente falar, desabafar e rir.

7 O BOM VENDEDOR NÃO PEDE DESCULPAS, TRAZ SOLUÇÃO

Muitos acreditam que o bom vendedor é aquele que carrega consigo um arsenal de desculpas, que justifiquem suas falhas, sempre dispostos a lançar mão desse artifício, conforme a situação e o cliente. O vendedor de sucesso não dá desculpas, fornece solução para os problemas do cliente. Falhas fazem parte do cotidiano de todos os profissionais nas mais diversas áreas, mas, em vendas, uma falha não precisa ser lembrada ao cliente. O bom vendedor busca a solução mais rápida, prática e econômica para minimizar os efeitos provocados pela falha. Lamúria e lamento não resolvem equação. Cuidado! As desculpas podem ser interpretadas como um reflexo direto da sua capacidade, competência e esforço! Portanto, para se tornar um vendedor de sucesso, troque a desculpa pela ação. Exemplo:

Vendedor: "Desculpa por demorar a passar na sua loja, mas agora a Região Leste é toda minha".

- O cliente não precisa ser lembrado de que o vendedor já deveria ter passado há dias.
- Não interessa ao cliente por que o vendedor não conseguiu passar na loja.
- Interessa, sim, a falta de produtos para venda por falta de pedido.
- Que confiança o cliente terá nesse vendedor na próxima compra?
- A Região Leste da cidade encolherá, para facilitar a organização do vendedor?
- Que benefício uma desculpa dessas traz para o relacionamento com o cliente?

Considere seus obstáculos seus melhores professores!
Anônimo

OPORTUNIDADE: se venda fosse uma equação matemática pura, a desculpa seria subtração e a ação, adição.

8 BOLETIM VERMELHO. *ARE YOU READY*? Dentro de uma empresa ou comércio existem gargalos de pressão e todo vendedor de sucesso tem consciência de que uma das áreas que mais sofrem essa pressão é Vendas. As cobranças são constantes e os resultados, milimetricamente avaliados pelas metas. Não espere condescendência, colaboração ou compreensão na área de Vendas, faça a venda. Como nos boletins escolares, em Vendas não adianta ter notas azuis em nove das dez matérias, pois você será cobrado pela única vermelha. O profissional de vendas deve ser completo, preocupando-se não com as cobranças, mas com as recompensas.

CUIDADO ESPECIAL: para o vendedor, o emocional jamais pode superar o racional.

9 O INVARIÁVEL HUMOR DO VENDEDOR DE SUCESSO: humor na relação de vendas é algo vital, assim como a água para o ser humano. O vendedor de sucesso não permite alterações no seu estado de humor perante o cliente, fazendo transparecer, em toda negociação, serenidade e alegria, divertindo o cliente, sempre que puder, expurgando o clima formal da relação e aproximando ao máximo a venda de uma agradável experiência de troca de informações entre velhos conhecidos. Existe um limiar muito tênue entre humor e humorístico, além das perigosas nuances do sarcasmo e do deboche. Vendedor de sucesso é aquele que sempre trabalha com bom humor, sem ser engraçadinho em demasia, tornando a venda um circo, tendo o cuidado em jamais ser sarcástico em suas respostas, independentemente do nível de perguntas. Ter em mente que, antes da venda, ele é um esclarecedor de dúvidas e dificuldades, sem jamais pressupor o entendimento do comprador.

CUIDADO ESPECIAL: ser simpático e bem-humorado não significa ser engraçadinho ou debochado.

10 COMPETÊNCIA E PROFISSIONALISMO: o vendedor de sucesso deve sempre ter em mente a importância do bom humor, simpatia, colaboração e reciprocidade, mas, em hipótese alguma, imaginar que esses atributos possam substituir sua competência e seu profissionalismo. Deve estar preparado do ponto de vista técnico e profissional, apto a responder a todas as perguntas sobre a empresa e o produto que está vendendo, saber os procedimentos de uma venda do início ao fim, ou seja, estar interado da promoção de vendas e marketing do produto até o procedimento final de entrega na casa do consumidor. Conhecer os pontos fortes e os pontos de melhoria de seu produto e empresa, o diferencial e o lugar-comum, transmitindo ao consumidor uma realidade tangível de compra dentro dos padrões de sua expectativa.

OPORTUNIDADE: a competência e o profissionalismo diferenciam o vendedor de sucesso da média.

11 SEGURANÇA: com sólidas informações e demonstração de competência e profissionalismo inconteste, o vendedor de sucesso desperta um sentimento importante para o consumidor: a segurança. Sentir-se seguro é um dos pilares da sustentabilidade na relação de compra para o consumidor. Os argumentos sólidos, avalizados pelo conhecimento técnico da empresa e do produto, criam uma sensação de bem-estar e proteção ao consumidor que, a partir daquele ponto da venda, transfere a você, vendedor de sucesso, a responsabilidade por indicar, incluir ou excluir possibilidades, *upgrades, dow grades* e acessórios a sua compra.

OPORTUNIDADE: a segurança facilita a venda casada.

12 CONFIANÇA: a confiança está umbilicalmente ligada à segurança. A segurança que o vendedor de sucesso passa ao cliente é diretamente proporcional a seu grau de confiança na empresa, no produto e principalmente no vendedor. Confiar, muito mais que indicar, incluir ou excluir possibilidades, significa que a relação cliente-vendedor alcançou um patamar além daquela compra específica, para tornar-se um relacionamento de longo prazo entre as partes.

OPORTUNIDADE: a confiança é um elo muito forte, que, uma vez adquirido, torna fácil sua manutenção.

13 TECNOLOGIA: o vendedor de sucesso tem a tecnologia como sua aliada e não como um substituto para o atendimento. As empresas, no desespero de reduzir custos e *agilizar* o atendimento, colocam à disposição do consumidor uma parafernália de tecnologia, na forma de terminais de autoatendimento, para as mais diversas funções: retirada de dinheiro, devolução de filmes locados, *check-in* em aeroportos, operações bancárias, carregamento de celulares, pagamento de contas, entre outras centenas de funções. A tecnologia, porém, está associada a uma redução do número de pessoas disponíveis para o atendimento direto ao consumidor. Esse é o ponto de atenção para o vendedor de sucesso: a tecnologia, por mais avançada e simplificada, jamais conseguirá equiparar-se ao calor humano e ao contato pessoal entre vendedor e cliente. Portanto, o vendedor de sucesso deve estar preparado para auxiliar o cliente na utilização das ferramentas tecnológicas e saber como transformar o apoio em uma oportunidade real de venda.

OPORTUNIDADE: vendedores de sucesso não *dão tilt,* não precisam *reinicializar* nem perdem as informações transmitidas no meio de uma conversa.

14 A ARTE DO QUESTIONAMENTO: o vendedor de sucesso deve investigar o cliente, pesquisar seus hábitos, buscar indícios de consumo, discutir possibilidades, questionar, sem ser indiscreto, interrogar com modéstia, perguntar, sempre que necessário, e inquirir sem ofender. É um detetive sutil que mapeia os desejos do consumidor, mesmo quando este ainda não definiu com clareza a sua intenção de compra. Cada questão deve ser milimetricamente analisada, pois uma pergunta, em momento não adequado, pode significar para o consumidor quebra de confiança ou abuso, acarretando o fim da relação de venda.

Sob condições normais, a maioria das pessoas tende a ver o que quer ver, escutar o que quer escutar e fazer o que deseja fazer. Em um conflito, suas posições ficam mais rígidas e fixas.

Marc Robert

15 O RISCO FAZ PARTE DO NEGÓCIO: o vendedor de sucesso não é covarde e tem bem claro que o risco faz parte do negócio. Uma venda nunca está completamente perdida, sempre existe um último recurso na manga. Deve ousar em palavras, usando entonação, atos que conduzam o consumidor, oferecendo vantagens até então inacessíveis. Não ter medo de cortar uma orelha*, se necessário.

Não arriscar nada é arriscar tudo.
Al Gore

CUIDADO ESPECIAL: toda exceção deve ser entendida como um esforço extraordinário; vendedores que sempre abrem exceção perdem a moral perante o consumidor.

16 MAIS DO QUE UM SIMPLES VENDEDOR: o vendedor de sucesso não se limita a vender, mas aproveita o contato com o cliente, o

* Jargão usado em vendas que significa cortar a comissão do vendedor pela metade.

dia a dia na empresa e tem a coragem de gerar *feedback* dos procedimentos de vendas e de outros que influenciam indiretamente a venda, com o intuito de buscar soluções que possam auxiliar ou melhorar o desempenho do departamento de Vendas, otimizar a rentabilidade da empresa e proporcionar ao cliente um atendimento inesquecível, a marca da excelência do atendimento de sucesso.

Escolho pessoas com muita energia, capazes de incentivar ou ***energizar*** *as demais, hábeis na execução e, sobretudo, apaixonadas pelo que fazem.*

Jack Welch

OPORTUNIDADE: cada vez que o vendedor de sucesso expande o seu horizonte na organização e quanto mais consegue aprofundar-se no seu mecanismo de funcionamento maior será a chance de reconhecimento e até de promoção.

17 PARCERIA CONSTANTE: o vendedor de sucesso é um parceiro constante da empresa, não pensa a venda como um ato isolado, mas acredita na possibilidade e capacidade dos outros departamentos suportarem determinados níveis de venda. O vendedor-padrão tem a mentalidade da venda a qualquer custo e dá importância somente ao valor numérico da comissão a receber no final do mês, sem preocupação com os problemas que tal venda pode gerar: redução excessiva da rentabilidade, promessas que não podem ser cumpridas, insatisfação no atendimento e, principalmente, a recorrente briga de Vendas com Logística e Produção e a diminuição excessiva dos prazos de entrega. O vendedor de sucesso sabe exatamente os gargalos de sua organização e trabalha sua venda dentro de uma satisfação que atenda à necessidade do trinômio vendedor, empresa e cliente.

CUIDADO ESPECIAL: vender, atendendo às necessidades da empresa e de outros departamentos, não significa colocar-se à mercê, mas, sim, trabalhar com coerência as limitações e amplitudes de cada departamento.

18 PRECONCEITO: estão definitivamente abolidas do dicionário do vendedor de sucesso a preposição pré e outros termos que avaliam situações ou pessoas: prejulgamento, presunção, precipitação, prejuízo, predefinição, preconceber, predisposição, pressentimento e, fechando a lista, preconceito. O vendedor de sucesso não avalia o cliente pelo modo de falar, agir ou vestir-se. Sua função é vender e não escolher, nem julgar ou definir o cliente ideal. Nos últimos anos, o mercado de baixa renda passou a ser importante *player* no cenário de consumo nacional. A disposição e o poder de compra do consumidor não vestem roupas e marcas, não falam bonito. Cada consumidor será despertado pelo vendedor que melhor lhe der atenção e tratá-lo com respeito e reverência.

CUIDADO ESPECIAL: uma série de motivos leva o consumidor a não realizar uma compra, principalmente a falta de respeito e o preconceito por parte do vendedor ou da empresa.

19 VENDEDOR BUMERANGUE: o vendedor de sucesso deve agir como um bumerangue, isto é, recebendo um chamado ou pedido, e imediatamente retornar com uma resposta ao cliente. Esse comportamento é essencial, principalmente para os vendedores que atuam na maior parte do tempo via telefone. Para o cliente não há coisa pior do que um telefonema ou solicitação sem resposta.

Não confunda movimento com ação.
Ernest Hemingway

OPORTUNIDADE: a rapidez e a presteza no retorno de uma ligação ou solicitação ajudam a construir a credibilidade do vendedor.

20 TBC: a regra de ouro de muitos empresários de sucesso, deveria ser o norte de todo vendedor. TBC – Tire a Bunda da Cadeira – significa dizer: corra atrás dos seus pedidos. Uma carteira de pedidos demanda suor e muito trabalho, não nasce em árvore nem cai do céu. Visite seu cliente, promova almoços de negócios, costure parcerias. Saia do ambiente da empresa, não se atenha a sua cadeira, mesa e telefone. Literalmente, frite a sola do sapato.

CUIDADO ESPECIAL: a preguiça, o comodismo e a displicência não podem se incorporar à rotina de trabalho do vendedor de sucesso.

21 CRIAR TANGIBILIDADE AO CLIENTE: o vendedor de sucesso cria tangibilidade para o cliente, isto é, desperta-o para a venda por meio dos sentidos. Propicie ao cliente a oportunidade de olhar, pegar, sentir, utilizar ou até mesmo experimentar o produto antes da venda. Desperte o entusiasmo do cliente, fustigue sua curiosidade e açoite sua emoção, transforme o anúncio de TV, o fôlder da revista ou o encarte do jornal em algo palpável, próximo e possível ao cliente. Sessões de degustação, amostra grátis, *test-drive*, videogames e computadores nas lojas e salas especiais para áudio, som e vídeo são exemplos de como empresa e vendedor podem gerar percepção ao cliente antes da compra.

OPORTUNIDADE: criar tangibilidade gera um diferencial perante a concorrência, além de reforçar a importância do cliente para a empresa/vendedor.

22 O PASSO A PASSO DA TANGIBILIDADE: tangibilidade é o acompanhamento, de forma direta, do cliente em toda a experiência ou experimentação do produto. É importante o vendedor estar o mais próximo possível do cliente, para, ao longo do processo de experimentação, nos momentos certos, exaltar as qualidades do produto e suas vantagens em relação à concorrência. Ao menor sinal de incerteza ou decepção com algum aspecto, corrigir e minimizar falhas que o cliente entenda ter encontrado.

OPORTUNIDADE: acompanhar o cliente durante o processo de experimentação reforça a imagem de segurança do vendedor, além de mantê-lo no controle da situação, intervindo, se necessário, no tempo certo.

23 FAZER-SE PRESENTE: o vendedor de sucesso deve fazer-se presente sempre, envolver-se na negociação, interessar-se pelo que o cliente tem a dizer e zelar para que a negociação atenda ao interesse de todas as partes: empresa, cliente e vendedor.

CUIDADO ESPECIAL: não tornar a negociação unilateral, pois não considerar o interesse do cliente é desistir da venda e correr o risco de perdê-lo para sempre e não somente para aquela venda.

24 CRÉDITO PARA A EQUIPE: a humildade deve ser uma virtude natural do vendedor de sucesso, que deve ter a consciência e o reconhecimento de que seu desempenho individual é ancorado por toda a equipe que trabalha diretamente ou não com vendas. Embora o vendedor desempenhe um papel fundamental na efetivação da venda, não é o único responsável pelo que acontecer e seu sucesso deve ser sempre dividido com toda a equipe, desde a promoção do produto, marketing, divulgação, entrega, cobrança até os agentes de interação, que, de forma indireta, são os facilitadores da ação certeira da equipe de vendas e do vendedor de sucesso.

Unir-se é um bom começo, manter a união é um progresso e trabalhar em conjunto, a vitória.

Henry Ford

CUIDADO ESPECIAL: a arrogância e o egoísmo são caminhos rápidos para a rejeição e repúdio do profissional dentro de uma organização.

25 IMAGEM: não vem ao caso discutir se é real ou falsa a frase *Uma imagem vale mais do que mil palavras.* Ninguém, porém, duvida de que a imagem é muito importante. A imagem que o vendedor de sucesso passa será entendida como parte do produto ou serviço a ser comprado, ou seja, a maneira de comportar-se, falar, vestir-se e, até mesmo, a aparência física compõem a imagem que o cliente construirá de você e do produto. Uma pessoa obesa, por exemplo, dificultará a venda de um plano de academia, uma pessoa desleixada não será indicada para a venda de produtos de beleza, um fumante não é bem-vindo em um atendimento médico, bem como o cliente não terá confiança em um dentista de sorriso amarelo. O vendedor de sucesso é rigoroso com a sua apresentação pessoal.

CUIDADO ESPECIAL: alguns ainda teimam em dizer que o importante é o conteúdo. Não se deixe enganar por essa ilusão e capriche na apresentação!

26 SENHOR SOLUÇÃO: pense e responda: Que produto ou serviço você vende? Se a resposta foi carro, fogão, geladeira, comida, massagem, serviço bancário, consultoria jurídica ou qualquer outro produto ou serviço disponível no mercado, está errada e você corre o risco de tornar-se apenas mais um vendedor. O vendedor de sucesso, independentemente da área de atuação, ramo ou serviço, vende em todos os casos apenas um produto: **solução para o cliente**. Vender produtos e serviços todo mundo faz, porém, apenas o vendedor de sucesso é capaz de entender as necessidades, desejos e urgências do cliente e adequar o produto ou serviço a fim de torná-lo a solução indispensável ou, ao menos, satisfatória ao cliente.

OPORTUNIDADE: transformando a venda de seu produto ou serviço em solução para o cliente, você diminui o efeito preço na negociação e, muitas vezes, maximiza sua rentabilidade.

27 PERFEIÇÃO: o vendedor de sucesso não é perfeito, é humano e passível de erro, assim como todos nós. O título propositalmente chama a atenção para um pormenor importante e que deve ser levado em consideração em toda relação comercial, o detalhe. O vendedor de sucesso está sempre atento aos detalhes, referentes ao cliente, à venda ou a si próprio. O detalhe pode estar associado à forma de vestir-se, atitude, entonação de voz, percepção, recompensa, gratidão e pode ser a diferença entre finalizar a venda ou não.

A perfeição é feita de pequenos detalhes – não é apenas um detalhe.

Michelangelo

CUIDADO ESPECIAL: desprezar os detalhes é sinônimo de desprezar oportunidades.

28 CORREÇÃO: a diferença fundamental do atendimento do vendedor de sucesso é a rapidez e sensatez com que realiza a reparação, ou seja, cometida a falha, procura, o mais depressa possível, repará-la, não importando quanto esforço e dedicação serão necessários ou quanto de orgulho terá de ser colocado de lado para contornar a situação.

CUIDADO ESPECIAL: um erro não reparado a tempo significa um cliente perdido.

29 RESPEITO À CULTURA E AO PADRÃO SOCIAL: ser paciente, simpático, alegre, divertido, atencioso e tratar o cliente com zelo, respeito e humor é fundamental ao vendedor de sucesso, respeitando sempre sua cultura e o padrão social. O atendimento de sucesso voltado a um mercado específico pode não ser adequado a outros consumidores. Entre os dois grandes polos comerciais ocorre grande diferença. O atendimento voltado à baixa renda exige atenção, cuidado, carinho de forma simples e descomplicada. Já o consumidor de alta renda deseja demonstrar conhecimento e segurança na hora da compra e tem a necessidade de sentir-se exclusivo, exigindo um atendimento requintado e complexo. Vendas diretas ao consumidor diferenciam-se também conforme o setor. Por exemplo, o atendimento ao consumidor final em uma loja de material de construção é distinto de uma loja de roupas, mesmo que ambas atendam a mesma faixa de poder aquisitivo. A diversidade racial exige adaptação na forma de atender, conforme os costumes do público-alvo. Produtos e serviços situados ou voltados para determinada etnia devem ser moldados e adequados à cultura, padrão e exigência do país de origem dos consumidores.

CUIDADO ESPECIAL: a generalização no atendimento impede a aproximação e a intimidade com o cliente, peça-chave para o desenvolvimento do relacionamento no longo prazo.

30 CRIATIVIDADE: chega de reclamar da falta ou da precariedade do material de apoio a vendas que sua empresa fornece. Exercite sua criatividade, para gerar espaços e interagir com os consumidores. Nem só na adversidade a criação é necessária. O vendedor de sucesso usa sua inventividade para maximizar os recursos e criar um diferencial entre ele e os outros vendedores.

Pensamos que necessitamos mais da lógica do que da criatividade.
Esta é uma total e lamentável má interpretação.
Edward De Bono

A criatividade exige coragem para deixar de lado a segurança.
Erich Fromm

OPORTUNIDADE: a criatividade é o elemento-surpresa que nenhum concorrente pode mapear ou clonar.

31 ARTE CÊNICA: se vender é uma arte, o vendedor de sucesso é o artista que utiliza todos os recursos para efetuar uma venda. Ninguém vai a uma loja para comprar de um vendedor-robô, uma pessoa correta, mas mecânica; instruída, mas sem vivacidade; atenciosa, mas macambúzia. Nesse caso, o cliente utilizaria os serviços de venda por telefone ou *on-line*. O consumidor na loja quer atenção e exige dedicação. É preciso, pois, demonstrá-las. Assim, as artes cênicas são a melhor opção para evidenciar ao cliente esse atendimento. Use os braços, use as pernas, suma de cena, ressurja do nada, empreenda um *tour* pela loja, brinque com as crianças, enfim, use todos os recursos que um artista usaria para construir uma obra-prima.

OPORTUNIDADE: realize todas as suas vendas como se fosse uma obra-prima. Uma obra-prima que não atingiu 100% é sempre melhor do que uma obra qualquer com pretensão e maquiagem de obra-prima.

32 TRATATIVAS, SEMPRE TRATATIVAS: o vendedor de sucesso deve escolher um caminho satisfatório para o trinômio cliente-empresa-vendedor, sem jamais resvalar no embate direto ou na discussão com o cliente. Paciência, atenção, bons argumentos e solidariedade são os meios do vendedor para desatar os complicados nós que algumas negociações tendem a se tornar. Por mais que o consumidor se exalte e perca a compostura, o vendedor deve manter a calma e trazer o cliente de volta ao raciocínio e à razão. O enfrentamento e a discussão levam à exaltação coletiva dos ânimos, que pode transformar-se em rancor, quebra de confiança e até perda do cliente.

Os bons negociadores sabem que uma tratativa é colaboração e não confrontação.

John Patrick Dolan

CUIDADO ESPECIAL: braço de ferro com o cliente não é o último recurso, é uma alternativa impensável.

33 CURIOSIDADE: vender é desvendar mistérios, entender o produto, conhecer a política da empresa, avaliar os acertos e erros e estudar o cliente. A curiosidade leva o vendedor de sucesso a querer sempre mais, aprender, pesquisar e desvendar tudo relacionado ao ambiente de vendas. Teste seu nível de curiosidade! Comece aqui neste livro! Em todos os capítulos, as situações de vendas são ilustradas com frases de personagens famosos que fizeram e fazem história nas mais diversas áreas. Propositalmente, os créditos das citações só têm o nome do autor. Satisfaça sua curiosidade e aprenda mais! Descubra quem são essas personalidades, onde trabalharam, o legado que deixaram e por que se tornaram famosas.

OPORTUNIDADE: a curiosidade é o conhecimento que adquirimos de forma descontraída.

34 FELICIDADE: o nível de atendimento depende diretamente do nível de satisfação e felicidade que você tem com o que faz. Significa dizer que o vendedor de sucesso é pessoa contente e satisfeita na sua função e responsabilidades. Se você não está satisfeito ou não gosta do que faz, mude já, não perca tempo! Seu atendimento e seu sucesso são reflexos da sua felicidade.

CUIDADO ESPECIAL: errar é natural, mas insistir no erro é retrocesso.

OPORTUNIDADE: a felicidade é parte do caminho para o sucesso.

Comprometa-se com atingir o sucesso e não permita que a paixão o abandone; compartilhe o sucesso com aqueles que ajudaram você; motive-se e motive os outros a perseguir sonhos; comunique-se com as pessoas e mostre interesse por elas; valorize e reconheça os esforços das pessoas e os resultados obtidos; celebre suas conquistas e também a dos outros; escute as pessoas e aprenda com suas ideias; supere as expectativas das pessoas e, fixando padrões cada vez mais altos, controle suas despesas e economize em prol de sua prosperidade; nade contra a correnteza e desafie o status quo.

Sam Walton